KB263799

논어

10대가 꼭 읽어야 할

10대가 꼭 읽어야 할 논어

공자 원저 | 인동교 글·그림

시간과공간사

인공지능 시대에 『논어』의 의미

　오늘날 교육은 인공지능(AI)을 비롯한 디지털 기술의 급격한 발전 속에서 근본적인 변화를 맞이하고 있다. 스마트폰은 우리에게 언제나 손쉽게 정보를 검색, 획득할 수 있게 해 주었지만 깊이 있는 사고와 지속적인 집중을 방해한다. 짧고 단편적인 정보 소비에 익숙해진 학생들은 긴 호흡으로 사고를 전개하거나 맥락을 파악하는 능력이 점점 약해지고 있다. 설상가상으로 인공지능의 빠르고 정교한 응답은 학생들이 스스로 탐구하고 문제를 해결하는 과정을 약화해 학생들의 사고력을 다방면에서 위협하고 있다.

인공지능 시대의 역설, 인문 고전

　최첨단 기술이 시대를 이끄는 오늘날, 학생들의 사고력은 오히려 위협받고 있다. 이러한 역설 속에서 인문 고전의 가치는 더욱 분명해진다. 인공지능의 정보 처리 능력과 문제 해결력은 이미 인간을 앞지른 지 오래이고, 많은 직업이 대체될 것이라는 예측 또한 현실로 다가오고 있다. 결국 인간에게 남은 것은 깊이 사유하고 본질을 꿰뚫는 사고력이며, 이 힘은 인문 고전 독서로 길러질 수 있다.

　인공지능은 질문에 빠르게 답하지만 인문 고전은 그와 반대로 독자에게 질문을 던진다. 고전은 우리가 사고를 인공지능에 위탁하는 대신 스스로 생각하도록 이끈다. 정답을 제공하기보다 판단을 유보하게 하고, 사유 과정을 요구한다는 점에서 고전 독서는 인간의 사고력을 근본적으로 자극한다. 또한 인공지능이 개인화된 정보를 제공하는 데 강점이 있는 반면, 인문 고전은 인간관계의 윤리와 책임을 다룬다. 고전은 개인을 고립된 존재로 바라보지 않고, 관계 속에서 살아가는 인간을 이해하게 해 주는 가장 오래된 텍스트이다. 타인과 어떻게 관계 맺고 공동체 안에서 어떤 태도로 살아가야 하는지를 묻는 고전의 질문은 오늘날에도 여전히 유효하다.

결국 인공지능 시대에 인문 고전이 필요한 이유는 분명하다. 기술을 이용해 답을 쉽게 찾을수록 인간은 오히려 스스로 질문하고 판단하는 기준을 잃게 되기가 쉽기 때문이다. 인문 고전은 과거의 유물이 아니라 인간을 인간답게 만드는 데 필요한 가장 오래된 지적 장치이다. 인공지능이 삶의 도구가 되는 시대일수록 우리는 인문 고전을 바탕으로 인간다움을 지켜야 한다.

책을 집필하며

앞서 말했듯이 인공지능이 불러온 혼란의 시대에 아이들은 기술의 변화 자체보다 오히려 기준이 사라지는 경험에서 더 큰 혼란을 느끼는 듯하다. 무엇을 믿고 따라야 하는지, 어디까지가 '내 생각'인지, 공부와 삶을 이끄는 중심이 무엇인지가 흐릿해졌기 때문이다. 이러한 시대는 마치 공자가 살았던 2,500여 년 전 춘추전국시대와 닮았다.

춘추전국시대는 정권이 자주 바뀌고 전쟁이 끊이지 않으면서 사회를 지탱하던 기준이 한꺼번에 무너진 시기였다. 사람들은 이제 더는 당연하게 여겨왔던 질서와 규범에 기대어 살아갈 수 없고 무엇이 옳은지에 대한 감각마저 약해졌다. 그 혼란 속에서 탄생한 텍스트가 바로 『논어』이다. 『논어』는 평온

한 시대의 교양서가 아니라 변화의 한가운데에서 인간을 붙잡아 줄 기준을 세우려고 기록된 책이다.

이에 필자는 인공지능이라는 전환기적 혼란 속에 놓인 학생들이 붙들 수 있는 기준들을 『논어』에서 찾아보고자 하였다. 평소 학생들이 던지는 질문과 교사로서 품어 온 고민을 『논어』의 다양한 문장과 연결해 사유해 보고 그 결과를 정리하여 나름의 기준과 답을 제시하였다. 말하자면 『논어』의 원문을 '교사'의 시선으로 이해하고, 교육의 맥락에서 다시 해석해 본 기록인 것이다.

물론 이러한 시도에는 한계가 있을 수밖에 없다. 원문의 깊이를 모두 담아내기 어렵기 때문이다. 그럼에도 교육이라는 공통분모 위에 서 있는 학생, 학부모, 교사라면 누구나 공감할 수 있도록 학교 현장에 맞닿는 내용을 중심으로 재구성하였다.

이 책은 다음의 핵심 질문에서 출발한다. 무엇을 배워야 하는가? 어떤 태도로 살아야 하는가? 인간관계는 어떠해야 하는가? 필자는 이 질문을 기준으로 내용을 학습·태도·관계 세 부분으로 나누어 정리했다. 정답을 단정하기보다 변화의 시대에 흔들리지 않도록 붙들 수 있는 최소한의 기준을 함께 찾아가고자 했다.

부디 많은 사람이 이 책을 부담 없이 펼치고 각자 삶의 자리에서 자기 나름의 기준을 더 깊이 생각해 보는 계기가 되기를 바란다.

정체성 혼란의 시기를 지나고 있는 둘째 딸이 이를 딛고 새로운 자신과 조우하길 바라며 첫째 딸의 용감하고 대담한 항해를 응원한다. 다섯 번째 책이 나오기까지 희로애락을 함께한 아내에게 감사의 말을 전한다.

2026. 1

인동교

공자

공자는 누구인가

학습

1장 무엇을 배워야 하나

2장 공부는 왜 해야 하나

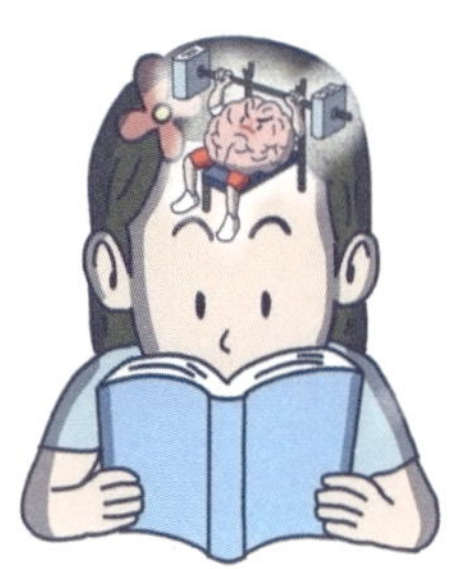

태도

GOLDEN
BOOT

ASIA
FIRST

孔子

공자: 중국 춘추시대의 사상가이자 교육자로 '인(仁)'과 '예(禮)'를 중심으로 한 가르침을 전했습니다.

공자는 누구인가

1. 공자는 어떤 사람이야

공자는 기원전 551년 춘추전국시대 약소국인 노나라에서 태어났어. 본래 이름은 '구(丘)'라고 해. 정수리가 움푹 들어가 언덕처럼 생겼다고 해서 언덕 '구(丘)' 자를 이름으로 삼았다는 이야기가 있어.

지금의 공자라는 이름은 성인 '공(孔)'에 선생님이라는 존칭 '자(子)'를 붙여 불리게 된 거야. 공자의 키는 9척이 넘었어. 당시 1척이 22.5cm 이니 공자의 키는 2m가 넘었던 거지.

공자는 세 살 때 아버지를 여의면서 가난 때문에 어릴 때부터 남의 집 정원이나 가축을 관리하며 살았어.

특별한 스승 없이 열다섯 살 때부터 학문을 시작하였고 쉰 살 정도에 노나라에서 '사공'이라는 벼슬을 했지.

이후 쉰다섯 살쯤 관직을 그만두고 천하를 두루 다니다가 예순여덟 살 되던 해에 노나라로 돌아와 학문에 전념했어.

일흔세 살에 삶을 마감할 무렵 공자의 제자는 3천 명이 넘었을 정도로 동양 철학의 큰 축을 담당하며 세계 4대 성인의 반열에도 올랐지.

어느 날 제자 계로가 물었어.

당시만 해도 사람들은 자연, 귀신 등 초월적인 힘을 가진 존재에 관심이 많았어. 하지만 공자는 귀신이나 자연보다 사람, 사람들과의 관계에 더 관심을 두었지. 그게 바로 공자 철학의 핵심인 인(仁)이야.

인은 사람 인(亻, 人)과 숫자 이(二)가 합쳐진 한자어로 사람 둘이 있다는 뜻이야. 사람이 둘 이상이면 인간관계가 형성되고 갈등이 빚어질 수밖에 없지. 그래서 갈등을 될 수 있으면 줄이고 서로 사랑하며 잘 지내는 것이 무엇보다 중요하다는 거야. 결국 인은 사람을 사랑하는 거야.

공자는 다음 덕목들을 갖추면 인을 실천할 수 있다고 생각했어.
효(孝): 집안의 어른들을 잘 섬기고 공경하는 것

제(悌): 형제, 자매 사이에 우애 있게 지내는 것

충(忠): 가운데 중(中)에 마음 심(心)으로 되어 있는 글자로, 한쪽에 치우치지 않고 마음의 중심을 잘 잡는다는 뜻으로 스스로 정성을 다해 단련하는 것을 말해. 이는 자기 자신뿐 아니라 다른 사람에게도 정성을 다한다는 것이지.

서(恕): 같을 여(如)에 마음 심(心)이 합쳐진 글자로 내 마음이 다른 사람의 마음과 같다는 뜻이야. 쉽게 말해 내가 싫어하는 것은 남도 싫어하니 시키지 말라는 거야.

효(孝), 제(悌)는 가정 내에서 인간관계에 필요한 덕목이고 충(忠), 서(恕)는 가정 외의 인간관계에서 더 필요한 덕목을 이야기해. 쉽게 말해서 가장 가까운 사람 먼저 아끼고 사랑한 다음 더 큰 사회에서 충, 서로 사랑을 실천하게 되면 이상적인 사회가 될 거라는 거야.

그건 바로 예(禮)야. 내면의 도덕성인 인의 표현이 바로 예인 거지. 인을 실현하려면 필요한 형식이라고 할 수 있어. 예를 실천하는 방법으로는 극기복례(克己復禮)를 이야기하지. 이는 자신의 본성을 극복해서 진정한 예를 회복하는 것을 말해.

그건 군자가 되려는 것이지. 공자가 생각하는 이상적인 인간은 군자였어. 군자는 원래 계급적인 명칭으로 정치에 종사하는 사대부를 말하지만 공자가 말하는 군자는 자신을 수양해서 다른 사람을 편하게 해 주려고 힘쓰는 사람, 즉 덕이 있는 사람이야. 그리고 공자는 군자가 되려면 지(智), 인(仁), 용(勇)이라는 세 가지 덕목을 갖춰야 한다고 했지.

지(智), 지혜로운 사람은 사물의 이치를 밝히고, 옳고 그름을 분별할 줄 아는 사람이야.

인(仁), 어진 사람은 자기 욕심을 극복하고 남을 배려하고 사랑하는 사람이야.

용(勇), 용기 있는 사람은 자신이 알고 있는 선을 용감하게 실천할 수 있는 사람이야.

6. 논어는 공자가 쓴 책이야?

『논어』는 공자가 직접 쓴 책이 아니야. 공자의 제자들이 공자 말씀과 행적을 모아 정리한 책이지.

논어는 총 498개 문장으로 이루어진 짧은 책이야. 1편인 '학이'부터 20편인 '요왈'까지 총 20편이고 편마다 두세 문자로 이루어진 제목이 붙어 있지.

제1편-학이(學而)	제11편-선진(先進)
제2편-위정(爲政)	제12편-안연(顔淵)
제3편-팔일(八佾)	제13편-자로(子路)
제4편-이인(里仁)	제14편-헌문(憲問)
제5편-공야장(公冶長)	제15편-위령공(衛靈公)
제6편-옹야(雍也)	제16편-계씨(季氏)
제7편-술이(述而)	제17편-양화(陽貨)
제8편-태백(泰伯)	제18편-미자(微子)
제9편-자한(子罕)	제19편-자장(子張)
제10편-향당(鄕黨)	제20편-요왈(堯曰)

이것은 각 편의 제장 첫머리를 그대로 제목으로 썼을 뿐이고 특별한 뜻이 있는 건 아니야. 예를 들어 제1편은 학이시습지(學而時習之)로 시작되다 보니 제목이 '학이'라고 붙은 거야.

學習

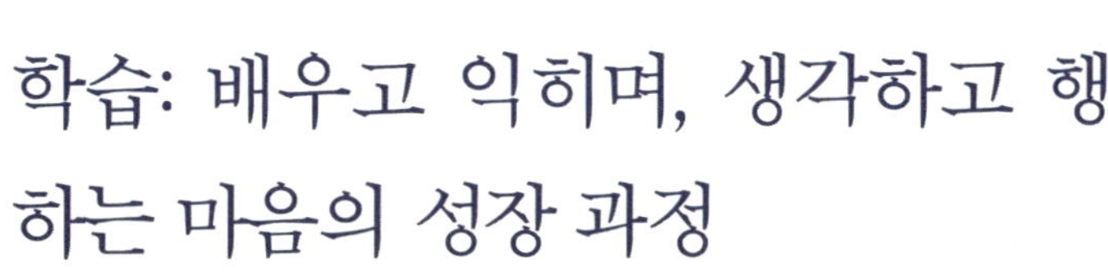

학습: 배우고 익히며, 생각하고 행하는 마음의 성장 과정

<table><tr><td>1장</td><td># 무엇을 배워야 하나</td></tr></table>

공자께서 말씀하셨다.

"배우고 때때로 익히면 즐겁지 아니한가?

친구가 먼 곳에서 오니 기쁘지 아니한가?

남이 알아주지 않아도 화내지 않는다면 군자가 아니겠는가?"

— 「학이」 1장

子曰
자 왈

學而時習之면 不亦說乎아?
학 이 시 습 지　　불 역 열 호

有朋이 自遠方來면 不亦樂乎아?
유 붕　　자 원 방 래　　불 역 락 호

人不知而不慍이면 不亦君子乎아?
인 부 지 이 불 온　　　불 역 군 자 호

- **習** 익힐 습
- **說** 기쁠 열(悅과 같음)
- **慍** 성낼 온

1. 아리스토텔레스의 대답

새 학기가 되면 학생들은 이런 질문을 많이 하지.
그러면 선생님은 아리스토텔레스의 '행복론'으로 답을 하곤 해.

새들은 그들만이 가지고 있는 날개로
하늘을 날 때 가장 행복하고

물고기는 그들만이 가지고 있는 지느러미로
물속에서 헤엄칠 때가 제일 행복하지.

그러면 사람은? 사람에게만 있는
생각하는 능력을 갈고닦아서 충분히 활용할 수
있어야 행복해질 수 있지.

우리는 행복하게 살려면 공부해야 한다는 거야.

선생님을 포함한 많은 작가가 책을 쓸 때 가장 고심하고 힘들어하는 작업은 바로 '들어가는 말'을 쓰는 거야. 그 이유는 책의 첫 시작에 책에서 전하고자 하는 메시지를 압축해서 잘 소개해야 독자들에게 좋은 인상을 줄 수 있기 때문이지. 사람들을 만날 때 첫인상이 중요하듯 책을 쓸 때 첫 문장 첫 메시지는 아주 중요한 의미를 담고 있는 거야.

그렇다면 2,500년 전 공자의 지혜가 담긴 논어의 첫 문장은 무엇일까?

그것은 바로 '학이시습지 불역열호'야. 배우고 그것을 반복하여 익혀 내 것으로 만드는 것이 즐거워야 한다는 것이지. 군자, 즉 훌륭한 사람이 되려면 가장 먼저 배우고 익혀야 한다는 거야.

그리고 두 번째로 '유붕자원방래 불역락호'야. 마음이 잘 맞는 친구가 나를 보러 오니 기쁜 일이다. 이 말은 다른 사람들과 관계를 잘하여 마음이 맞는 친구가 있어야 한다는 것이지.

마지막으로 '인부지이불온 불역군자호'야. 남이 날 인정해 주지 않아도 서운해하거나 화내지 않으면 군자답다고 할 수 있다. 남의 말이나 시선에 휘둘리지 않고 자기 주관이 뚜렷해야 한다는 거야.

결국 훌륭한 사람(군자)이 되려면 가장 먼저, 배우고 반복하여 이를 익혀 실천해야 한다는 거야. 그리고 다른 사람과 잘 지내면서도 타인에게 흔들리지 않는 자기 주관을 가지라는 거지.
공자가 강조하신 이 세 가지 중 배움에 관련된 이야기를 가장 먼저 한 까닭은 배움이 군자가 되는 출발점이자 기본 바탕이기 때문이야.

아무리 좋아 보이는 미덕도 결국 배움이 바탕이 되지 않으면 그 뜻이 바래기 마련인 거야.

好仁不好學이면 其蔽也愚하고 好知不好學이면
호 인 불 호 학　　　기 폐 야 우　　　호 지 불 호 학

其蔽也蕩하고 好信不好學이면 其蔽也賊하고
기 폐 야 탕　　　호 신 불 호 학　　　기 폐 야 적

好直不好學이면 其蔽也絞니라.
호 직 불 호 학　　　기 폐 야 교

—「양화」8장

어진 것을 좋아하되 배우지 아니하면 어리석어지고, 지식을 좋아하되 배우지 아니하면 방종해지고, 신념을 좋아하되 배우지 아니하면 해를 끼치게 되고, 정직을 좋아하되 배우지 아니하면 각박해진다.

2장 **공부는 왜 해야 하나**

공자께서 말씀하셨다.
"옛것을 공부하여 새로운 것을 알아내면 스승이라고 할 만하다."

— 「위정」11장

子曰
자 왈

溫故而知新이면 可以爲師矣니라.
온 고 이 지 신　　　가 이 위 사 의

- 溫 익힐 온, 따뜻할 온
- 新 새 신
- 爲 할 위

1. 미래 교육

최근 몇 년간 4차 산업 혁명 열풍과 함께 미래 교육에 관심이 많아졌어. 급변하는 시대에는 오늘의 지식은 곧 낡은 지식이 될 가능성이 크므로, 기존의 지식은 이제 비전이 없다고 지적하지.

아! 그리고 유튜브에서 보니까 과학 발전이 너무 빨라서 예전 지식은 필요 없대요. 그러면 우리도 교과서 말고 새로운 걸 배워야 하는 거 아니에요?
그건 현재 일하고 있는 어른들에게 해당하는 이야기이고 학생들은 모든 새로운 지식의 가장 근원이 되는 기초 지식부터 쌓는 것이 중요해!
왜냐하면 이러한 기초 지식을 기반으로 새로운 지식을 쌓아야 창의적인 것을 만들어낼 수 있기 때문이야!
지식
지식
지식
지식
지식
지식
지식
지식
지식

학생들이 열광하는 아이폰을 만들어낸 애플의 스티브 잡스는 이런 말을 했어.

창의성이란 무에서 유를 만들어내는 능력이 아니라 기존에 있던 것을 새롭게 구성하고 개선하는 능력이라는 거야.

그렇다면 우리는 무엇을 연결할 수 있을까? 그것은 의심할 여지 없이 지식이야. 과거의 지식을 성실히 탐구하고 연구하는 것들이 스티브 잡스가 말한 점들인 거지.

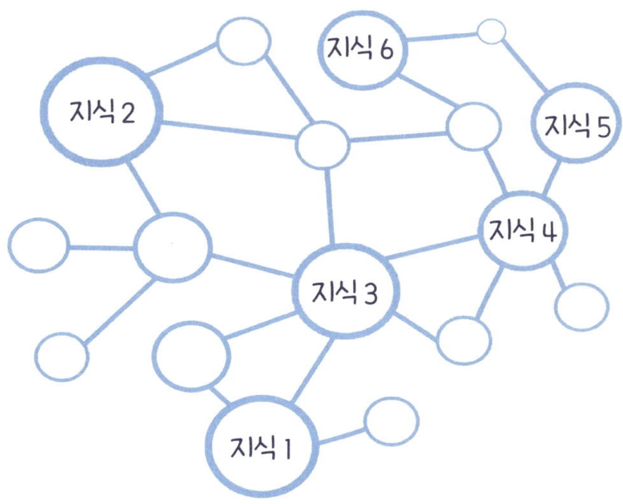

이렇게 연결할 수 있는 점들을 수없이 많이 찍어놔야 점들을 다양한 방식으로 연결하여 새로운 그림을 그릴 수 있는 거야.

나는 점이 두 개밖에 없어서 직선만 그릴 수 있는데
너는 점이 많아서 다양한 그림을 그릴 수 있구나!

공자께서 말씀하신 온고(溫故)란 옛것을 달걀 품듯이 품는다는 이야기야. 해석하자면 과거 지식을 곱씹고 분석하고 따져서 지신(知新), 즉 새로운 것을 알아낸다면 스승이라 불릴 만큼 훌륭하다는 거지.

이렇게 2,500년 전 공자와 2000년대의 스터브 잡스는 동일하게 온고이지신(溫故而知新)의 정신을 강조하고 있어.

3. 거인의 어깨에 올라타다

미국 〈타임〉이 1,000년 동안 가장 중요한 인물 2위로 선정하고, 유네스코가 역사상 가장 영향력이 있는 과학자로 평가한 아이작 뉴턴은 자신의 과학적 업적을 이렇게 이야기했다고 해.

뉴턴의 만유인력 법칙이 탄생할 수 있었던 배경에는 코페르니쿠스, 케플러, 브라헤, 갈릴레오 갈릴레이 등 수많은 과학자의 위대한 연구가 있었고.

뉴턴은 선대 과학자들의 연구를 달걀 품듯이 연구하고 조합하여

기존 법칙과 전혀 다른 만유인력의 법칙을 발견해냈기 때문에 한 말인 거야.

공자께서 말씀하셨다.

"유야, 너에게 아는 것에 대해 가르쳐 주겠다. 아는 것을 안다고 하고 모르는 것을 모른다고 하는 것, 이것이 진짜 아는 것이다."

—「위정」17장

子曰
자 왈

由아! 誨女知之乎인저
유　　회 여 지 지 호

知之為知之요　不知為不知아
지 지 위 지 지　　부 지 위 부 지

是知也니라.
시 지 야

- 誨 가르칠 회
- 女 너 여
- 是 옳을 시, 이것 시

1. 메타인지

여기서 '유'는 공자의 제자 '자로'를 이야기해. 공자는 제자 자로에게 진정한 앎을 다음과 같이 설명했지.

학교에서 학생들을 가르치다 보면 대다수 학생이 자신이 모른다는 것을 너무 창피해해. 그래서 모르는데도 질문하지 않고 그냥 지나가거나 대충 안다고 착각하고 시간을 보내다 보면 학습 결손이 쌓이고

공식적인 시험을 보는 중학교에 가면 손을 쓸 수 없을 정도로 무너지는 경우가
아주 많지.

부모님들은 위기감을 느끼고 부랴부랴 학원에 보내지만
자기가 뭘 모르는지 정확히 이야기하지
않으면 학습 결손의 구멍은
더디게 메워지기 쉬워.
여기에서 학생들이
부족한 것이
무엇일까?
그것은 바로
'메타인지'야.

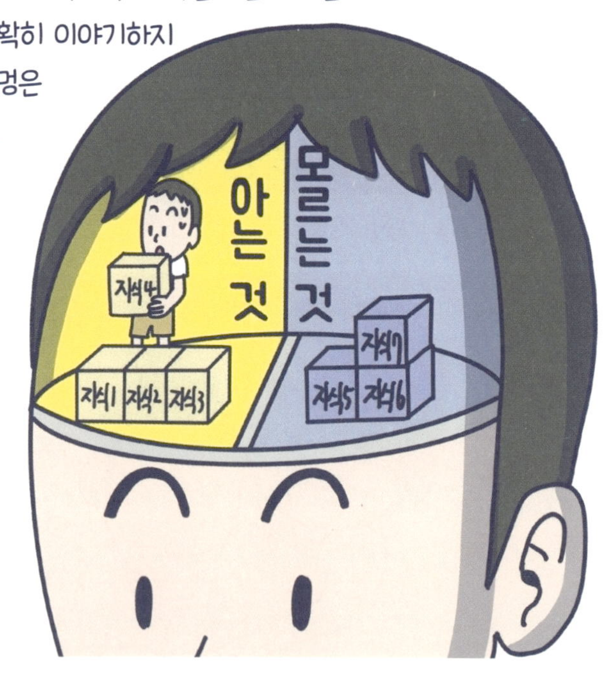

메타인지(Metacognition)는 사고에 대한 사고(Thinking about Thinking)를 뜻하는데 자신의 지식과 학습 과정을 스스로 알고 조절하는 능력이야. 쉽게 말해 '내가 무엇을 알고, 모르는지를 아는 능력'이 바로 메타인지인 거지. 그렇다면 메타인지를 기르는 방법은 무엇일까?

같은 시기에 그리스에서 비슷한 말씀을 하신 선인이 있었지. 그분은 바로 소크라테스야.

소크라테스는 그 당시 현명하다는 많은 사람을 만나 대화하고 질문했지만 그들은 알지 못하는 내용도 아는 것처럼 이야기했어.

소크라테스는 그때 깨달았어.
저 사람들도 나와 다를 바가 없구나. 적어도 나는 내가 잘 모른다는 사실을 알고
있으니 언제라도 더 배울 수 있지만, 저들은 자신이 모른다는 사실조차 모르고,
모든 걸 알고 있다고 착각하면서 배울 기회를 놓치는구나!

4장

제발 물어봐!

자공이 물었다.

"공문자라는 사람은 왜 문이라는 글자를 이름에 넣었을까요?"

공자께서 말씀하셨다.

"그 사람은 영민했고 배움을 좋아하였으며 아랫사람에게 묻는 것을 부끄러워하지 않았으니 이 때문에 이름에 문이라는 글자를 넣은 것이다."

—「공야장」 14장

子貢이 問曰
자 공　　문 왈

孔文子를 何以謂之文也잇고
공 문 자　　하 이 위 지 문 야

子曰
자 왈

敏而好學하며 不恥下問이라 是以로 謂之文也니라.
민 이 호 학　　불 치 하 문　　시 이　　위 지 문 야

謂 이를 위
敏 영리할 민
恥 부끄러울 치

1. 배움의 두 번째 단계

공자의 제자 자공이 공문자라는 사람의 이름에 왜 문(文)이라는 글자를 넣었는지 물었어.

이름에 '문' 자가 들어갈 정도로 똑똑하고 현명한 사람이 되려면 공부를 즐기고 끊임없이 질문해야 한다는 거야.

앞에서 살펴봤듯이 내가 무엇을 모르는지 명확히 알았으면 이제는 질문을 해야 앎의 단계로 발을 내디딜 수 있는 거야.

2. 유대인의 후츠파

관계를 중요시하는 우리나라 문화에서 질문을 하는 것은 어려워.

이와 달리 유대인은 질문하는 문화가 잘 형성되어 있다고 해. 이런 문화를 바탕으로 아인슈타인, 마크 저커버그, 스티븐 스필버그 등 세계에서 뛰어난 인재들이 나올 수 있었던 거야.

이런 문화 차이는 어디에서 올까? 그것은 바로 후츠파(Chutzpah) 정신이야. 후츠파는 히브리어에서 유래한 단어로 뻔뻔함, 대담함, 당돌함을 의미하지.

단어 자체는 부정적이지만 기존의 틀을 깨고 도전하는 정신, 실패를 두려워하지 않는 용기, 주어진 한계를 넘어서려는 태도 등으로 해석할 수 있어.

유대인은 이런 후츠파 정신이 있기에 창피해하지 않고 당돌하게 질문하는 것이 자연스러운 거야. 공자께서 창피해하지 않고 질문해야 교양 있는 사람이 될 수 있다고 한 말과 일맥상통하지.

질문은 이렇게 학습에서 아주 중요하지만 정작 학교에서는 많은 학생이 질문을 하지 않지. 아마도 공자께서 살던 시대에도 그랬나 봐.

子曰
자 왈

不曰如之何如之何者는
불 왈 여 지 하 여 지 하 자

吾末如之何也已矣니라
오 말 여 지 하 야 이 의

—「위령공」15장

공자께서 말씀하셨다.
어찌하면 좋을까? 어찌하면 좋을까?라고 묻지 않는 사람은 나도 어찌해야 할지 모르겠다.

모르면 창피해하지 말고
질문하라고 그렇게 이야기
했는데…….
아! 이제 나도 모르겠다.

<table><tr><td>5장</td><td>혼자 생각 좀 해!</td></tr></table>

공자께서 말씀하셨다.
"배우기만 하고 생각하지 않으면 어둡고, 생각만 하고 배우지 않으면 위태롭다."

— 「위정」 15장

子曰
자 왈

學而不思則罔하고 思而不學則殆라.
학 이 불 사 즉 망   사 이 불 학 즉 태

罔 어리석을 망
殆 위태로울 태

1. 비효율적인 공부 방법

2022년 국제학업성취도평가(PISA) 결과 우리나라 학생들의 학습 시간 대비 수학 점수는 57개국 중 48위라고 해. 학습 시간은 길지만 그에 비해 성취도가 낮다는 이야기지.

학교, 학원에서 많은 시간을 보내지만 학업 성취도가 낮은 이유는 공자께서 말씀하신 '학이불사즉망'과 연관되어 있다고 볼 수 있어. 긴 시간 배우기만 하고 스스로 생각하고 익힐 시간이 턱없이 부족하기 때문에 학습 효율성이 떨어지는 거야.

이렇게 스스로 생각할 시간 없이 학교, 학원에서 배우기만 한 학생들은 이런 식으로 착각하게 돼.

학교, 학원에서 선생님의 설명을 반복해서 들으면 왠지 내가 안다고 착각을 하게 되고 착각은 자만심으로 자라 스스로 복습하고 익히려고 노력하지 않게 되지. 결국 시험 날 자기가 모른다는 것을 깨닫게 되는 거야. 공자께서 말씀하신 대로 배우기만 하고 스스로 생각하고 익히지 않아 어두워진 거지.

그렇다고 모든 걸 혼자 공부하라는 이야기는 아니야. 다른 사람의 가르침 없이 혼자 공부해 쌓아 올린 지식은 탄탄한 기초가 없기 때문에 위태롭기 짝이 없어.

공자님께서 말씀하신 '사이불학즉태' 상태인 거야.

결국 배움과 스스로 생각하는 자기주도 학습이 균형이 맞아야 효율적으로 공부할 수 있다는 거야.

공자께서 말씀하셨다.

"비유컨대 산을 만들 때 흙 한 삼태기를 남기고 멈춘다면 내가 중지한 것이고, 비유컨대 평지를 만들 때 흙 한 삼태기를 쏟아부어 시작한 것도 내가 나아간 것이다."

— 「자한」 18장

子曰
자 왈

譬如爲山에 未成一簣요 止하면 吾止也라.
비 여 위 산 　미 성 일 궤 　지 　　오 지 야

譬如平地라도 雖覆一簣요 進하면 吾往也라.
비 여 평 지 　수 복 일 궤 　진 　　오 왕 야

譬 비유할 비
簣 삼태기 궤
雖 비록 수
覆 덮을 복

1. 문제는 바로 '나'

한 삼태기는 지금으로 치면 약 20kg이야. 산을 만들 때 흙이 20kg 모자라면 미완성이고

흙 20kg을 부어 평지를 만들기 시작했다면 그것은 이미 시작한 거야.

여기서 가장 중요한 것은 이러한 행위의 주체는 바로 '나'라는 거야. 목표를 이루려고 열심히 하다가 중도 포기한 것도 '나'이고 목표를 이루려고 시작한 것도 바로 '나'인 거야.

2. 100도에서 끓는 물

물은 99도에서 끓지 않아. 마지막 1도를 더해야 100도가 되어 끓기 시작하고 수증기가 되는 거지. 사람 역시 목표를 이루기까지는 끝까지 포기하지 않고 노력을 많이 해야 해. 그래야 물이 수증기가 되듯이 목표한 것을 이룰 수 있는 거지.

그런데 목표를 이루지 못한 사람들은 대개 이런 핑계를 대지.

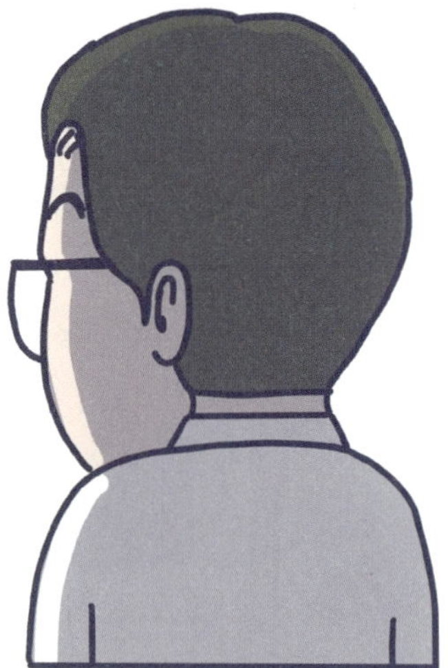

공자께서 말씀하신 대로 모든 것은 나로부터 시작되는 거야. 나를 먼저 돌이켜 보는 습관을 들여야 발전이 있는 거지.

<table><tr><td>**7장**</td><td># 배움의 급수</td></tr></table>

공자께서 말씀하셨다.

"나면서부터 아는 사람이 상급이고, 배워서 아는 사람은 그다음이고, 곤경에 처해서 배우는 사람은 그다음이며, 곤경에 처해도 배우지 않는 자는 사람 중 최하의 사람이다."

—「계씨」9장

子曰
자 왈

生而知之者는 上也요
생 이 지 지 자　　상 야

學而知之者는 次也요
학 이 지 지 자　　차 야

困而學之면 又其次也니
곤 이 학 지　　우 기 차 야

困而不學이면 民斯爲下矣니라.
곤 이 불 학　　　민 사 위 하 의

困 곤할곤
又 또우
斯 이사, 천할사

1. 배움의 급수

공자께서는 공부하는 사람들을 4등급으로 나눴어.

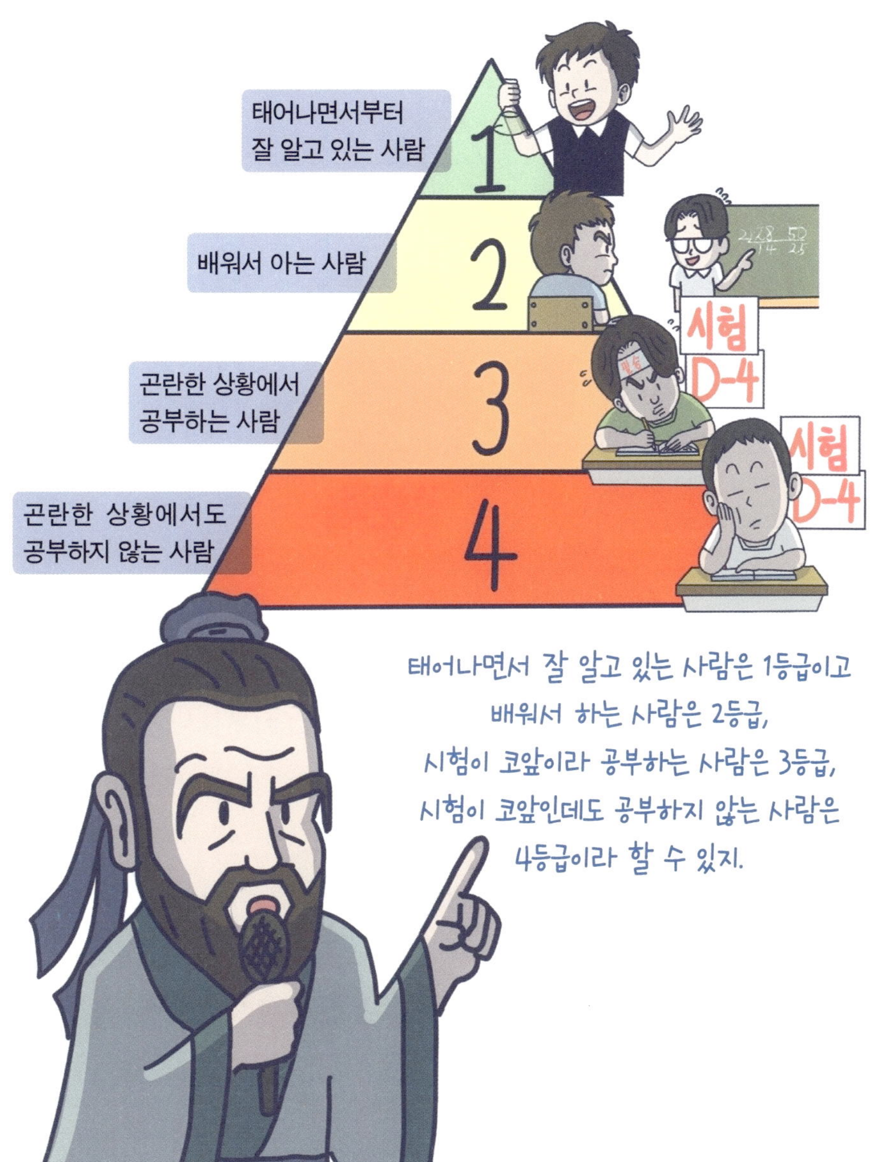

태어나면서 천재인 사람은 아주
적기 때문에 사람들은 대부분 배워서 알게
되거나 곤란한 상황에서 공부를 하지.
1
2
3
시험
D-4
여기까지는 내가 인정!
근데 말이지,
내가 진짜 아니라고
생각하는 것은…….

위와 같이 배우려고 하지 않는 사람은 성장할 수 없고 듣지 않기 때문에 자기 고집만 세질 수밖에 없지. 공자께서는 그러한 사람을 경계하며 최하의 사람이 라 평가한 거야.

8장

벼룩의 가르침

염구가 말하였다.

"스승님의 도를 기뻐하지 않는 것은 아니지만, 힘이 부족합니다."

공자께서 말씀하셨다.

"힘이 부족한 자는 중도에서 그만두는데, 너는 지금 한계를 긋고 있구나."

—「옹야」 10장

冉求曰
염 구 왈

非不說子之道요 力不足也라.
비 불 열 자 지 도　　역 부 족 야

子曰
자 왈

力不足者이면 中道而廢요 今女畫이라.
역 부 족 자　　중 도 이 폐　　금 여 획

說 기뻐할 열
廢 무너질 폐
畫 그을 획

어느 날, 제자 염구가 푸념하며 말했어.

제자의 푸념에 공자는 단호하게 이야기했지.

벼룩은 매우 높게 점프할 수 있어.

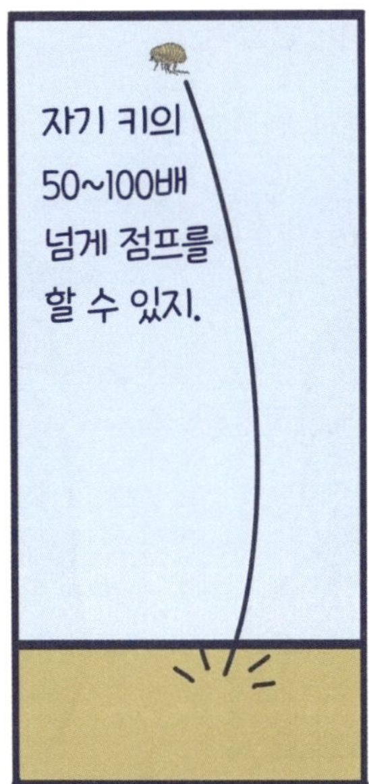
자기 키의 50~100배 넘게 점프를 할 수 있지.

그런 벼룩을 유리병 안에 가두면 점프하다 이쪽저쪽 머리를 부딪치고
쿵!
쿵!
쿵!

시간이 지나면 유리병에 맞지 않을 정도만 점프하게 돼.

유리병을 치우면 어떻게 될까?
?

유리병이 없어도 더는 원래 높이만큼 점프를 못 하게 되지.
우차!

세계적인 이론 물리학자이자 우주론의 권위자인 스티븐 호킹은 스물한 살 때 청천벽력 같은 소리를 듣게 돼.

시간이 지날수록 몸이 굳어 갔지만 그는 자기 질병으로 스스로 한계를 정하지 않고 연구를 멈추지 않았지.

그랬기에 일흔여섯 살까지 수많은 발견을 할 수 있었고 우주론의 권위자가 될 수 있었어. 그는 그러한 자신의 인생을 빗대어 이렇게 이야기했다고 해.

스티븐 호킹의 삶은 공자께서 말씀하신 대로 한계를 긋지 않고 끝없이 자신을 성장시킨 사례인 거야. 앞서 벼룩이 유리병 때문에 자신의 한계를 인정하고 유리병이 없어도 유리병 크기까지밖에 뛰지 못한 것처럼 사람 역시 자신의 한계를 정해 버리면 그 이상 성장할 수 없는 거야. 그러니까 자신의 한계를 두지 말도록……

9장

사고력의 힘

공자께서 말씀하셨다.

"궁금해서 답답해하지 않으면 그를 일깨우지 않고, 표현하고 싶으나 잘 몰라서 더듬거리지 않는 한 알려주지 않으며, 한 모퉁이를 들어 보였을 때 세 모퉁이로 반응하지 않으면 반복해서 가르치지 않는다."

―「술이」8장

子曰
자 왈

不憤이어든 不啓하며 不悱어든 不發호되
불 분   불 계   불 비   불 발

擧一隅에 不以三隅反이어든 則不復也니라.
거 일 우   불 이 삼 우 반   즉 불 부 야

憤 분할 분
啓 열 계
悱 표현못할 비
擧 들 거
隅 모퉁이 우

5분 뒤……

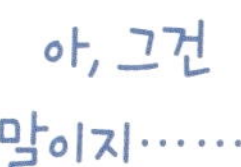

5분 뒤……

스승님……
왜? 세 번째 문장도 모르겠어? 5분 동안 생각하고 고민은 해 봤어? 충분히 생각해 보고 고민하고 답답해하지 않으면 앞으로는 안 가르쳐 줄 거야!
자, 세 번째 문장은 첫 번째, 두 번째 문장과 같은 구조야. 그러면 세 번째 문장의 의미를 이야기해 볼까?

공자께서는 무엇인가를 충분히 고민하고 생각하다가 정말 몰라서 답답해하지 않으면 가르치지 않고, 말하고 싶은데 제대로 표현할 수 없어서 답답해 애가 타지 않으면 지도하지 않는다고 말씀하셨어. 마지막으로 하나를 가르쳐 줬는데 이를 응용할 수 없다면 반복해서 알려주지 않는다고 하셨지.

다소 냉정해 보이지만 정말 알고 싶어 하고자 하는 마음가짐과 충분히 스스로 생각해 보는 사고력이 없으면 학습 효율이 너무 떨어진다는 것을 지적하는 거야.

2. 생각하기 싫어하는 세대

선생님은 학교에서 아이들이 수학 문제를 풀 때 시간을 충분히 주고 문제를 스스로 풀어 보게 해. 충분히 고민하고 스스로 틀린 답이라도 구해 보게 하는 거지. 이렇게 지도하는 이유는 정답을 맞히지 못하더라도 스스로 생각해 보고 답을 구해 보는 과정에서 사고력이 길러지기 때문이야. 결국 답을 맞히면 성취감에 더 성장할 테고 답을 맞히지 못하더라도 스스로 풀이 과정을 반성해 보며 사고력이 더 확장되는 거야. 하지만 요즘 학생들은 스스로 생각해 보는 시간이 너무 짧아.

조금 고민해 보고 안 되면 물어보거나 심지어 포기하는 학생들도 적지 않지.
이는 태어날 때부터 스마트폰과 함께하며 짧은 콘텐츠에 익숙해져 긴 시간을
사고하는 능력이 현저히 떨어지기 때문이야.

만약 여러분이 정말 공부를 잘하고 싶고 효율적으로 성적을 높이고 싶다면 사고
력을 키워야 해. 텔레비전을 보면 금메달을 땄던 운동선수들은 다른 운동 종목
에서도 습득력이 아주 빠르거든.

그 이유는 평소 체력 훈련으로 다져진 근력과 균형 감각이 뛰어나기 때문이야.

공부도 마찬가지야. 사고력은 운동선수들의 다져진 근력과 같은 거지. 근력은
무거운 무게를 활용해서 키울 수 있지만 사고력은 어떻게 키울 수 있을까? 너무
나 뻔한 답이지만 그건 바로 독서야.

독서가 사고력을 키워 주는 도구가 되는 거야. 독서는 맥락을 이해하고 논리를 따라가야 하며 기존 지식과 새로운 정보를 조합하는 등 뇌를 끊임없이 자극하기 때문이지. 체력 훈련처럼 지루하고 힘들지만 독서로 사고력이 길러지면 공부를 더 효율적으로 할 수 있을 거야!

10장

끊임없이 갈망하고 늘 바보처럼 겸손해라

공자께서 말씀하셨다.

"배움은 도달하지 못한 듯이 하고, 오히려 알고 있는 것을 잃을까 두려워하는 마음으로 해야 한다."

—「태백」17장

子曰
자 왈

學如不及이요 猶恐失之니라.
학 여 불 급　　유 공 실 지

猶 오히려 유
恐 두려울 공

1. 끊임없이 갈망하고 늘 바보처럼 겸손해라

2005년 스티브 잡스는 스탠퍼드대학교 졸업식 연설에서 다음과 같은 말을 했어.

해석하면 항상 부족함을 느끼고 배움을 멈추지 말며 늘 겸손한 자세로 임하라는 거야. 공자의 학여불급(學如不及)과 같은 의미인 거지.

학여불급의 자세로 끊임없이 공부하였으면 이제는 공부한 것을 잊어버릴까 두려워하는 마음으로, 즉 유공실지의 마음으로 복습을 해야겠지.
독일의 심리학자 헤르만 에빙하우스는 '망각곡선'이라는 이론을 이야기했어.

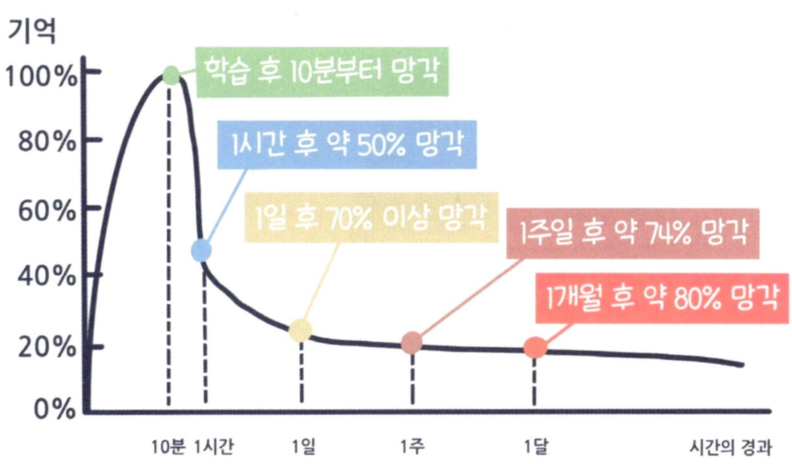

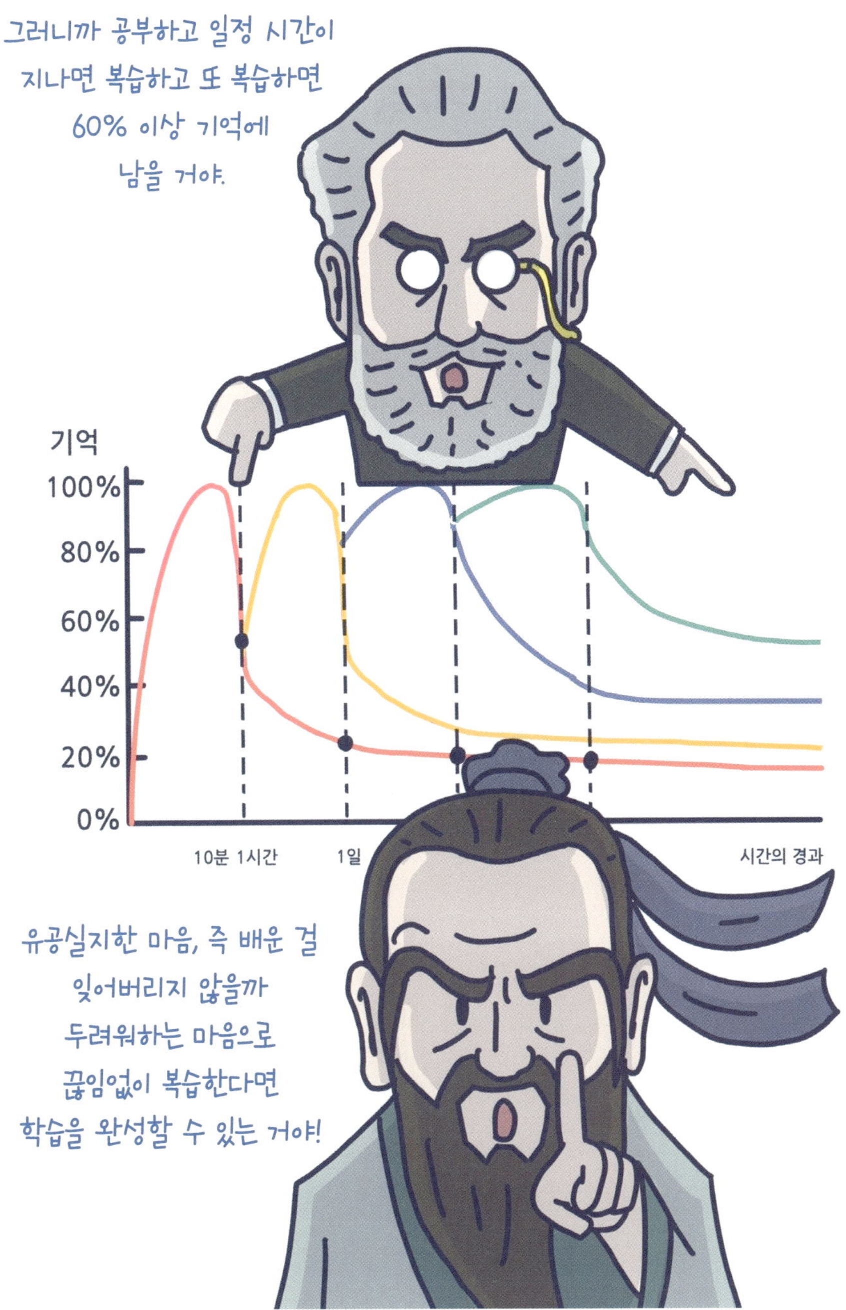
그러니까 공부하고 일정 시간이
지나면 복습하고 또 복습하면
60% 이상 기억에
남을 거야.

기억
100%
80%
60%
40%
20%
0%
10분 1시간
1일
시간의 경과

유공실지한 마음, 즉 배운 걸
잊어버리지 않을까
두려워하는 마음으로
끊임없이 복습한다면
학습을 완성할 수 있는 거야!

11장

배움이 먼저

공자께서 말씀하셨다.

"내가 일찍이 종일토록 먹지 않고 밤새도록 자지 않으면서 사색해 본 적이 있는데 유익한 것이 없었으니 배우는 것만 못 하더라."

— 「위령공」30장

子曰
자 왈

吾嘗 終日不食하며 終夜不寢하여
오 상 종 일 불 식 　 　 종 야 불 침

以思호니 無益이라 不如學也라.
이 사 　 　 무 익 　 　 불 여 학 야

嘗 맛볼 상
終 끝 종
寢 잘 침

1. 배움이 먼저

내가 하루 종일 먹지도 않고 자지도 않고 곰곰이 생각해 보았는데……
아……
결국 그 문제에 대해서 아는 것이 없어서 새롭게 발견한 게 없네. 차라리 먼저 공부하고 고민할걸……

앞서도 이야기했지만 창의성이란 연결을 의미해. 내가 알고 있는 것을 연결하여 새로운 것을 만들어내는 거지.

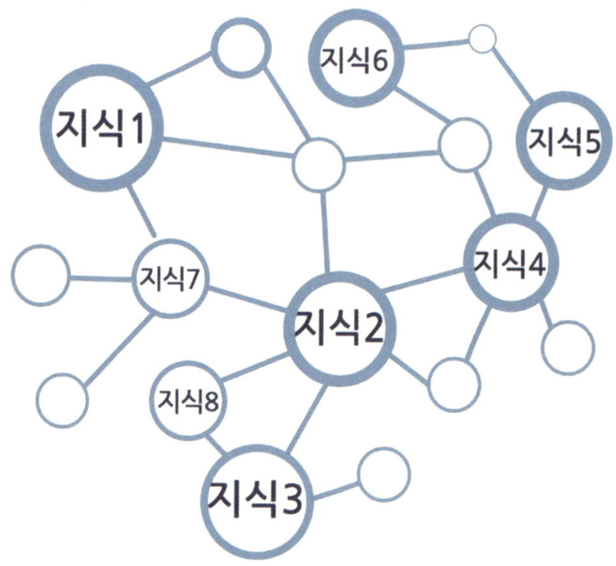

내가 알고 있는 것이 적다면 다양한 연결을 시도해 볼 수 없어서 공자께서는 생각하기 전에 많이 배우는 것을 강조하신 듯해.

2. 블룸의 지식의 위계

미국의 교육심리학자 벤저민 블룸은 학습 목표를 6단계로 정리했어.

요즘 교육의 목표로 고차원적 사고를 강조하며 토론 수업, 프로젝트 수업을 많이 하지.

실제 교실에서 수업을 진행해 보면 수업을 잘 따라오는 아이와 그렇지 않은 아이가 명확하게 갈려. 그것의 기준은 얼마나 많이 알고 있느냐지. 이미 책을 많이 읽었거나 공부를 많이 한 아이들은 가지고 있는 지식으로 다양한 생각을 펼쳐갈 수 있지만

그렇지 않은 아이들은 이런 수업을 몹시 힘들어해.

역설적으로 기초학력이 많이 떨어진 현 상황에서는 공자께서 말씀하신 대로 제대로 배워서 연결할 수 있는 지식의 점들을 많이 가지는 것이 무엇보다 중요해.

態度

태도: 마음의 상태와 그것이 드러나는 행동

12장

그냥 해 봐!

공자께서 말씀하셨다.
"군자는 말할 때는 더듬거리고 행동에는 민첩해야 한다."

— 「이인」 24장

子曰
자 왈

君子는 欲訥於言而敏於行이니라.
군 자　　욕 눌 어 언 이 민 어 행

欲 하고자 할 욕
訥 말 더듬거릴 눌
敏 민첩할 민

1. 그냥 해 봐!

만약 여러분이 이루고자 하는 목표가 있다면 현재 여러분의 모습을 잘 지켜보는 게 좋아. 왜냐하면 우리의 미래는 현재의 선택과 행동으로 결정되기 때문이야.

내가 지금 당장 행동하지 않는다면 미래의 내 모습은 지금의 나와 같아서 아무 변화가 없을 거야.

반대로 내가 지금 당장 행동에 변화를 준다면 그것은 미래의 내 모습으로 이어
지고 내가 목표하는 바를 이룰 수 있을 거야.

공자께서는 일찍이 이러한 빠른 행동의 변화를 강조하려고 "군자는 말을 신중하
게 하고 행동은 빠르게 해야 한다."라고 하신 거야.

위버멘시(Übermensch)는 프리드리히 니체의 철학에서 중요한 개념으로, 인간 존재의 한계를 극복하고 새로운 가치를 창조하는 초인을 의미해.

우리는 흔히 '초인' 하면 슈퍼맨이나 배트맨과 같은 히어로를 생각해.

하지만 니체의 초인은 자신의 목표를 실현하려고 끊임없이 행동하고 도전하여
지금의 자신을 초월하는 존재를 말해.

우린 누구나 자신의 인생에서 초인이 될 수 있을 거야.

공자께서 말씀하셨다.

"자신을 이기고 예로 돌아가는 것이 인이다. 하루라도 자신을 이기고 예로 돌아간다면 천하가 인으로 돌아갈 것이다."

— 「안연」 1장

子曰
자 왈

克己復禮為仁이니라.
극 기 복 례 위 인

一日克己復禮하면 天下歸仁焉이라.
일 일 극 기 복 례　　천 하 귀 인 언

復 회복할 복
禮 예도 례
歸 돌아갈 귀
焉 어찌 언

1. 내 안의 적

우리 뇌는 본질적으로 에너지를 아끼려는 경향이 있어. 과거 사냥과 채집을 하던 시절, 에너지를 많이 쓰면 굶주릴 위험이 커졌기에 에너지를 절약하는 방식으로 진화했지.

그렇기에 우리는 공부하거나 생각하는 것을 싫어하는 거야. 그것이 바로 우리 인간의 본성이지.

하지만 우리가 무엇인가를 이루려면 본성을 이겨내야 해.

생각하기 싫어하는 본성을 이겨내고 끊임없이 생각하고 질문했던 갈릴레오는
지금의 과학 문명을 우리에게 선물해 주었고

권력을 마음대로 휘두를 수도 있었지만 신하들과 백성들을 존중했던 세종대왕은 우리에게 한글을 선물해 주셨지.

이밖에 수많은 위인은 자기 자신을 이겨낸 사람들이야. 우리가 위인은 되기 힘들어도 지금보다 나은 사람이 되고 싶다면 자신의 본성을 이겨내는 것이 우선이라는 거야.

인간의 뇌에는 거울뉴런이 있어. 다른 사람의 행동을 볼 때 활성화되는 뉴런으로 사람들이 모방해서 학습하고 행동하게 하는 역할을 하지.

그래서 사람들은 주변 사람들과 많은 영향을 주고받아. 공자께서는 이런 사람의 특성을 알고 내가 자신을 극복하고 노력하면 주변에도 선한 영향력을 미칠 수 있다고 말씀하신 거야.

나를 이겨내고 꾸준히 노력해 봐.

그러면 주변도 달라지니 이 얼마나 즐겁고 행복한 일이야!

14장

내 책임이오!

공자께서 말씀하셨다.

"군자는 스스로에게 잘못을 찾고 소인은 남에게 잘못을 찾는다."

—「위령공」20장

子曰
자 왈

君子求諸己요 小人求諸人이니라.
군 자 구 제 기　　소 인 구 제 인

求 구할 구
諸 모두 제

1. 내 책임이야

체육시간에 경쟁활동이 끝나면 남 탓을 하는 친구들이 있어.

그렇게 남 탓을 하다 보면 다음 경기에서도 질 확률이 높아. 남 탓을 하다 보면
자기 문제점을 발견하기 힘들어서 문제점을 보완할 기회를 놓치게 되거든.

다른 친구들을 지적해서 바꾸는 것은 힘들지만 내 문제점을 수정하는 것은 그것보다 훨씬 쉬워.

그러니까 공자님 말씀대로 나 자신에게서 잘못을 찾는다면 내가 성장할 테고 내가 속한 팀이나 집단에도 긍정적 영향을 미칠 거야.

야, 공을 너무 잘 잡는데. 오늘 네가 활약한 덕분에 우리가 이겼어!

2. 성장 마인드 셋

스탠퍼드대학교의 캐럴 드웩 교수는 성장 마인드셋(Growth Mindset)과 고정 마인드셋(Fixed Mindset)을 연구했어.

성장 마인드셋은 자신의 노력과 학습으로 성장할 수 있다고 믿는 것이고 고정 마인드셋은 능력이 타고나는 것이라 생각하며 변화가 어렵다고 믿는 거야.

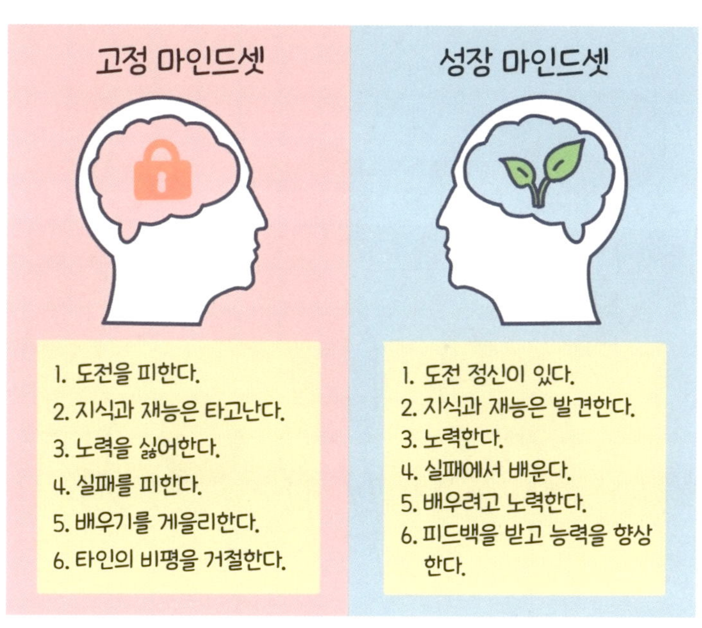

성장 마인드셋은 실패하면서 자기 발전을 하려고 하겠지만

고정 마인드셋은 실패하면 남을 탓하거나 포기하기가 쉬워지는 거야.

누구나 실패할 수 있어. 하지만 성장 마인드셋을 가지고 그 원인을 나에게서 찾고 해결하려고 하다 보면 성장이라는 달콤한 열매가 기다리고 있을 거야.

15장   # 모소대나무에서 배운다

공자께서 말씀하셨다.

"군자는 기본에 힘써야 한다. 기본이 바로 서야 도가 생겨난다."

— 「학이」 2장

子曰
자 왈

君子는 務本이니 本立而道生하나니.
군 자　　무 본　　　본 립 이 도 생

務 힘쓸 무
道 길 도

1. 모소대나무

중국에 모소대나무라는 대나무가 있어. 이 대나무는 씨를 뿌리고 4년 동안 3cm 만 자란대.

그러다 5년째가 되면 하루에 30cm씩 자라며, 6주 만에 15m 이상까지 자란다 고 해. 어떻게 이럴 수 있을까?

모소대나무는 4년 동안 천천히 그리고 단단하게 뿌리를 내리고 있었던 거야. 그렇기에 이런 뿌리를 바탕으로 대단한 성장을 할 수 있었던 거지.

학창 시절은 모소대나무가 4년 동안 뿌리를 내리는 기간과 같아. 공부든 운동이든 기본을 탄탄히 할 수 있는 기간이지. 이 기간에 꾸준히 연습하고 다양한 경험을 쌓는 것이 바로 뿌리를 단단하게 내리는 것과 같아.

2. 기본기의 중요성

분야는 다르지만 세계적으로 성공한 운동선수 손흥민, 김연아, 오타니의 공통점은 무엇일까? 그것은 바로 기본기 훈련을 정말 충실히 했다는 거야.

손흥민 선수는 7년 동안 하루도 쉬지 않고 기본기 연습만 했고

오타니 선수는 투수와 타자를 같이하는 선수가 되려고 다양한 영역에서 기본기를 충분히 쌓았어.

김연아 선수는 이미 세계적인 선수가 되었는데도 기본적인 점프나 스핀을 정말 열심히 해서 주변 사람들을 놀라게 했다고 해.

이들은 '군자는 기본에 힘써야 한다. 그래야 도가 생겨난다'는 말처럼 기본에 힘
썼기 때문에 그 분야에서 최고의 자리에 오를 수 있었던 거야.

하지만 사람들은 기본기 쌓는 과정을 몹시 지루해하지. 그래서 그 과정을 무시하고 다음 단계로 나아가려고 해.

다음 단계로 갈 수는 있겠지만 아마 목표한 일을 이룰 수는 없을 거야. 왜냐하면 뿌리에 해당하는 기본기가 단단하게 받쳐주지 못하기 때문이지.

여러분! 학창 시절에 무엇이 되었든 꾸준히 해 봐. 그것은 여러분을 단단히 지지해 주는 뿌리가 되어서 모소대나무와 같은 성장을 선물할 거야.

16장

멀리 보라

공자께서 말씀하셨다.

"사람이 멀리 보지 않으면 반드시 조만간 근심하게 된다."

— 「위령공」 11장

子曰
자 왈

人無遠慮면 必有近憂니라.
인 무 원 려　　필 유 근 우

遠 멀 원
慮 생각할 려
憂 근심 우

1. 안중근의 묵서

안중근 의사가 하얼빈역에서 이토 히로부미를 저격하고 뤼순 형무소에 갇혀 있을 때 그를 심문한 일본인 검찰관에게 써 준 묵서 중 하나가 바로 이 문장이었어.

"멀리 보지 않으면 반드시 걱정거리가
생긴다."
나라의 독립이라는 큰 목표를 위해
치밀하게 계획하고 행동했던
그의 인생과 꼭 닮은 말이라고
할 수 있지.

애플의 스티브 잡스는 현재의 시장 흐름에 따라가지 않고 장기적인 기술 혁신과 브랜드 가치를 생각하며 회사를 운영했다고 해.

그렇기에 그가 세상을 떠난 뒤에도 애플 제품에 대한 신뢰도와 충성도가 여전히 높게 유지되고 있는 것이지.

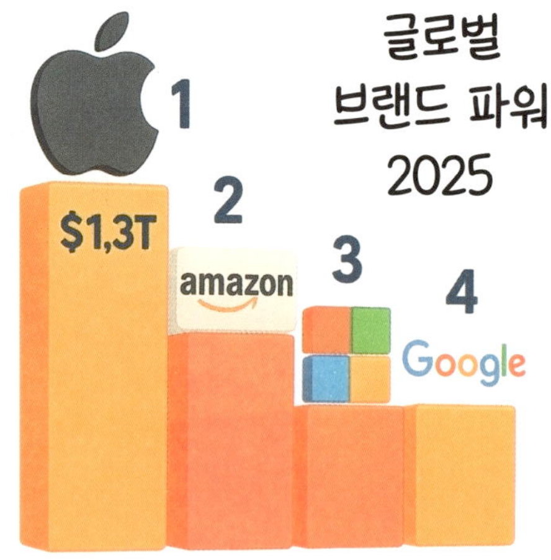

눈앞의 일들에 너무 일희일비하지 말길 바라.

스티브 잡스처럼 여러분의 먼 미래를 생각하고 꾸준히 준비하며 나아가 봐.
오늘 시험에서 낮은 점수를 받았다고 여러분의 인생 목표를 이룰 수 없는 것은
아니야.

그것은 여러분의 긴 인생에서 겪을 수많은 일 중 하나이기 때문이야. 실망하기보다 과정을 반성해 보고 분석해서 실수를 잡아간다면 오히려 더 큰 성공의 밑거름이 될 수 있어.

하지만 여기서 경계해야 할 것은 멀리만 보고 여유를 부리면 된다는 이야기가 아니야.

먼 미래를 대비해서 미리 열심히 준비해 보고 과정을 반성하고 수정하며 나아
가야 내가 꿈꾸는 미래를 만날 수 있다는 거야.

17장

새로운 나

공자께서 말씀하셨다.

"군자는 그릇이 아니다."

— 「위정」 12장

子曰
자 왈

君子不器 니라.
군 자 불 기

器 그릇 기

군자는 그릇이 아니라는 말은 군자는 특정한 용도에 국한된 그릇처럼 생각하고 행동해서는 안 된다는 거야.

특히 학교 다니는 애들은 가능성이 무한해. 내가 잘하는 것에만 집중하지 말고 다양한 도전을 시도해 봐. 그런 과정에서 나도 모르는 새로운 모습을 발견할 수도 있으니까.

운동신경이 없다고 생각했지만 내가 수영을 배우다가 재능을 발견할 수도 있고

음악을 못한다고 생각했지만 바이올린 배우기에 도전해 보니 실력이 빠르게 좋아질 수도 있는 거지.

내 한계를 두지 말고 새로운 환경과 경험에 나를 맡겨 봐. 그리고 새로운 나를 만나 보길 권해~

<table><tr><td>18장</td><td>

즐겨라

</td></tr></table>

공자께서 말씀하셨다.

"아는 자는 좋아하는 자만 못 하고, 좋아하는 자는 즐기는 자만 못 하다."

—「옹야」18장

子曰
자 왈

知之者不如好之者요
지 지 자 불 여 호 지 자

好之者不如樂之者니라.
호 지 자 불 여 락 지 자

知 알 지
如 같을 여
樂 즐길 락

논어에서 많은 사람이 좋아하는 문장 중 하나가 바로 이 문장일 거야.

하지만 내가 좋아서 하는 것들은 시간 가는 줄 모르고 하게 돼. 그렇기에 긴 시
간을 할 수 있게 되고

그런 과정이 켜켜이 쌓여 실력이 되어 즐길 수 있는 경지에 이르는 거야.

많은 사람이 논어의 이 문장을 좋아하는 이유 중 하나는 '즐기는 것이 최고'라는 메시지에 초점을 맞춰서 해석하기 때문이야. 즐긴다는 것은 어렵지 않고 내가 마음먹기에 따라 얼마든지 가능해 보이거든.

하지만 곰곰이 생각해 보면 즐긴다는 것은 몹시 어려운 과정이야. 왜냐하면 무엇인가 잘해야 그것을 제대로 즐길 수 있거든.

몇 년 전 학생들을 대상으로 좋아하는 과목을 조사하였는데 예상 밖으로 수학이 선정된 적이 있었어.

학생들에게 그 이유를 물어보니 이미 수학학원에서 배워서 자기는 잘한다고 생각하기 때문이라고 답을 했지. 사람은 이렇게 무엇인가 자신이 잘한다고 생각하면 그것이 좋아지고, 즐길 수 있게 되는 거야. 심지어 악명 높은 수학이라도……

정리해 보면 내가 무엇인가 잘하면 그것이 좋아지고 더 잘하고 싶은 마음에 노력하게 되면서 실력이 쌓여. 결과적으로 실력이 쌓이면 정말 즐길 수 있는 경지에 이른다는 거지. 결국 노력이 중요하다는 거야.

우리가 어떤 활동을 즐기려면 뇌에서 보상을 느껴야 해.
그 핵심 역할을 하는 것이 도파민(Dopamine)이야.
내가 뭔가 실력이 없으면 작은 것도 해내기가
어렵게 되고 도파민이 적게
분비되어 즐기기가 어려워.

반대로 내가 뭔가 실력이 좋아져 작은 성취를 하게 되면 도파민이 늘어나고 점점 즐길 수 있게 되는 거지.

그래도 공부를 즐기기는 힘들겠지? 하지만 작은 것부터 도전해 보고 성취해 보는 게 어떨까? 예를 들어 매일 문제집을 한 장 풀기로 하고 반복해서 해 봐. 그러다 보면 뇌에서 분비되는 도파민의 양이 조금씩 늘어나고 즐거움이 생기기 시작할 거야.

그리고 이런 작은 성취들이 쌓이다 보면 결국 호지자, 락지자가 될 수 있을 거야.

공자께서 말씀하셨다.

"사람의 본성은 비슷하지만 습관에 따라 서로 달라지게 된다."

— 「양화」 2장

子曰
자 왈

性相近也나 習相遠也니라.
성 상 근 야　　습 상 원 야

性 성품 성
相 서로 상
習 익힐 습

1. 본성보다는 습관

공자께서는 사람의 본성은 누구나 비슷비슷하다고 이야기해.

모두 다 비슷하게 태어나지만 어떤 환경에서 어떤 습관을 유지하고 살아가느냐
에 따라 삶이 달라진다는 거지.

2. 루티니

루티니(Routiny)는 『트렌드 코리아 2023』이라는 책에서 소개된 키워드로, 루틴(Routine)+데스티니(Destiny, 운명)의 합성어야. 해석하면 운명을 결정짓는 루틴이란 의미로, 작은 습관과 일상의 루틴이 우리의 삶과 성공을 결정짓는다는 거지.

성공한 사람들은 모두 자신만의 루틴을 가지고 있어. 애플의 최고경영자 팀 쿡은 매일 새벽 4시에 일어나 운동을 하고

마이크로소프트 창업자 빌 게이츠는 매일 7시에 일어나 뉴스를 보고, 자기 전 독서 활동이라는 루틴을 실천한다고 해.

그렇다면 루틴의 어떤 점들이 이들을 성공으로 이끌었을까?
루틴은 일정한 패턴으로 반복되는 행동, 즉 습관을 이야기해. 루틴은 생각 없이 자동으로 행동하는 것이므로 고민과 걱정 같은 에너지 낭비를 하지 않지.

그리고 '티끌 모아 태산'이라는 속담에서 알 수 있듯이 매일 반복해서 쌓여 가는 행동들은 큰 성취를 할 수 있게 해.

마지막으로 루틴은 매일 내 계획대로 행동하는 것이기 때문에 내 삶을 조절할 수 있다는 안정감이 생겨 불필요한 두려움이 줄어들게 되는 효과가 있어.

이렇게 루틴은 여러분의 삶을 변화시키는 강력한 무기가 될 수 있어. 작은 것부터 루틴으로 만들어 봐. 시간이 지나면 거울 속에서 달라진 나를 만날 수 있을 거야.

20장

자기반성

증자가 말했다.

"나는 매일 세 가지로 반성한다.

첫째, 다른 사람을 위해 일을 도모하며 충실히 하였는가?

둘째, 친구들과 관계에서 신뢰를 다 했는가?

셋째, 오늘 배운 것을 완전히 내 것으로 습득했는가?"

—「학이」4장

曾子曰
증 자 왈

吾日三省吾身하노니　爲人謀而不忠乎아
오 일 삼 성 오 신　　　위 인 모 이 불 충 호

與朋友交而不信乎아　傳不習乎아니라.
여 붕 우 교 이 불 신 호　　전 불 습 호

省 살필 성
謀 꾀 모
忠 충성 충
傳 전할 전

증자는 공자의 제자 증삼이야. 증자는 자기 자신을 반성하는 기준 세 가지를 제시했어.

여러분의 학교생활에 적용해 보면 다음과 같아.

세 번째는……
글쎄……
했나? 안 했나?

교실에서 내 역할을
충실히 하였는가?
친구들과 사이좋게
지냈는가?
오늘 배운 내용을
온전히 복습해서
내 것으로 만들었나?

숙제 안 할 거야?

아! 맞다.
복습 안 했지…….
지금 열심히
하고 있어요!

21장

예리한 칼날

공자께서 말씀하셨다.

"군자는 사람들의 좋은 점을 이루게 도와주지 나쁜 점을 이루도록 돕지 않는다. 소인은 이와 반대다."

—「안연」 16장

子曰
자 왈

君子는 成人之美하고
군 자　성 인 지 미

不成人之惡하나니　小人은　反是니라.
불 성 인 지 악　　　소 인　　반 시

是 이 시

1. 나다움

사람들은 누구나 강점과 약점이 있어. 하지만 대부분 자신의 강점에 집중하기보다는 약점에 더 신경 쓰면서 다른 사람을 부러워하지.

세상에 모든 걸 잘하는 사람은 없어. 나의 한두 가지 장점이 바로 내 개성이자 색깔이야.

공자께서 말씀하신 것처럼 내 장점을 스스로 격려하고 갈고닦으면 그것이 바로 나다운 성장이라고 할 수 있어.

경영학자 피터 드러커는 이렇게 말했어.

누구나 자신만의 날카로움, 즉 장점이자 강점을 타고나고 그 강점을 갈고닦는
게 우리 운명인 거야.

나에게는 없는 무언가를 만들어내려고 힘들어하기보다

내가 남들과 다르게 가지고 있는 장점을 빨리 찾아내서 갈고닦는 것이 더 효율적인 성장 과정이지.

여러분이 가지고 있는 날카로운 장점은 무엇일까? 그걸 찾는 게 가장 중요해!

22장

잘못했어요

공자께서 말씀하셨다.

"잘못하고도 고치지 않는 것, 그것이 진짜 잘못이다."

— 「위령공」 29장

子曰
자 왈

過而不改是謂過矣 니라.
과 이 불 개 시 위 과 의

過 지날 과
謂 이를 위

1. 뇌과학적 접근

우리는 누구나 실수를 하거나 잘못을 저질러.

하지만 그것을 바로잡으려고
노력하지 않으면 그것이 진짜
잘못이라고 공자께서
말씀하셨지.

인간의 뇌는 실수를 하며 학습하도록 설계되어 있어. 사람이 실수를 하면 뇌가 이를 감지하고 수정하려고 하지. 이때 실수를 수정하게 되면 뇌에서 도파민이 나오면서 학습이 이뤄져. 이런 과정이 반복되면 좋은 습관이 되는 거야.

반대로 실수를 반복하면서 고치지 않으면 뇌는 그 패턴 역시 학습해서 나쁜 습관으로 굳어져. 그래서 잘못된 행동을 그때그때 고치지 않으면 나중에 바꾸기가 어려운 거야.

2. 습관이 되기 전에

알베르트 아인슈타인은 이렇게 이야기했어.

이는 실수를 반복하면서도 고치지 않으면 아무것도 바뀌지 않는다는 이야기야.
2,500년 전 공자의 가르침과 일맥상통하는 이야기지. 여러분이 만일 같은 실수
를 자꾸 반복하고 있다면 그것은 이미 습관이 되었을 수 있어.

습관은 뇌의 신경회로에 굳어서 자동화되어 있으므로

고치기가 너무 어려워.

그래서 실수가 생겼을 때 바로 수정해 보려고 노력하는 것이 더 나은 나를 만드는 데 가성비 있는 방법이 될 거야.

23장   자리보다 능력이 먼저

공자께서 말씀하셨다.

"내 자리가 없을 걱정을 하지 말고 내가 그 자리에 설 만한 사람인지 고민하라. 남들이 나를 알아주지 않는다고 걱정하지 말고 내가 알아줄 만한 사람이 되려고 노력하라."

—「이인」 14장

子曰
자 왈

不患無位요 患所以立하며
불환무위　　환소이립

不患莫己知요 求爲可知也니라.
불환막기지　　구위가지야

患 근심 환
莫 없을 막

1. 손흥민 선수

2020년 피파 푸스카상, 2021~2022년 아시아 최초 프리미어 득점왕, 9회 연속 아시아 최고 축구 선수로 선정된 손흥민 선수는 많은 축구 꿈나무에게 영웅이자 롤 모델이지.

우리는 그가 가지고 있는 수많은 기록과 타이틀에 열광하며 그를 동경해. 하지만 그의 화려한 타이틀은 그냥 주어진 것이 아니야.

어린 시절부터 하루도 빼놓지 않고 아버지의 엄격한 훈련을 견뎌냈고

외로운 해외 생활에 어렵게 적응하며 기술적으로 부족한 부분은 반복해서 연습하며 완성해 나갔어. 이러한 노력이 손흥민 선수의 실력으로 나타났고, 타이틀은 자연스럽게 따라오게 된 거지.

공자께서도 능력에 대해 이렇게 강조하셨어.

여러분이 학교에서 반장이나 전교 회장 등 무엇이 되고 싶다면 내게 그에 맞는 능력이 있는지 먼저 고민해 봐야 해.

내게 그만한 능력이 있다면 쉽게 원하는 타이틀을 얻을 수 있을 테고 그에 못 미친다면 끊임없이 노력하여 능력을 갖추는 것이 우선이야.

24장

열매 맺는 사람

공자께서 말씀하셨다.

"싹이 트였지만 꽃을 피우지 못하는 경우가 있고, 꽃은 피웠지만 열매 맺지 못하는 경우가 있구나."

— 「자한」 21장

子曰
자 왈

苗而不秀者 有矣夫며
묘 이 불 수 자 유 의 부

秀而不實者 有矣夫인저.
수 이 불 실 자 유 의 부

苗 모묘
秀 빼어날 수
實 열매 실

1. 싹, 꽃, 열매

어느새 선생님이 된 지 21년 차가 되었어. 많은 제자가 가끔 소식을 전할 때면 공자님의 말씀이 떠올라.

많은 제자 중 싹은 트였지만 중도에 포기하여 꽃을 피우지 못한 제자도 있고 꽃은 피웠지만 열매를 맺지 못한 제자도 있었어.

이와 반대로 끝까지 성실하게 노력해서 자신의 꿈을 이루는 열매를 맺은 제자
도 있었지.

이렇게 사람은 각기 다른 모습으로 성장해. 초등학교 졸업 시점부터 성인이 되
기까지 삶의 궤적에 따라 누구는 싹만 틔우고 또 다른 이는 열매를 맺기도 하지.

모든 사람이 열매를 맺을 수 있는 것은 아니야. 사람마다 능력이 다르고 환경이 다르기 때문이지. 하지만 가장 안타까운 것은 스스로 중도에 포기하는 거야.

싹만 티우고 포기하거나 꽃을 피우고도 포기하는 등 스스로 포기를 선택하는 경우, 자신이 꽃까지만 피울 사람인지 열매까지 맺을 사람인지 확인해 보지도 못한 채 성장을 스스로 멈추는 것과 같아.

최선을 다해 나에게 주어진 시간을 채워 나가 내가 뛰고 있는 인생이라는 경기의 끝을 보길 바라.

최선을 다해 나에게 주어진 시간을 채워 나가 내가 뛰고 있는 인생이라는 경기의 끝을 보길 바라.

포기하면 그 순간이

바로 시합 종료예요

關係

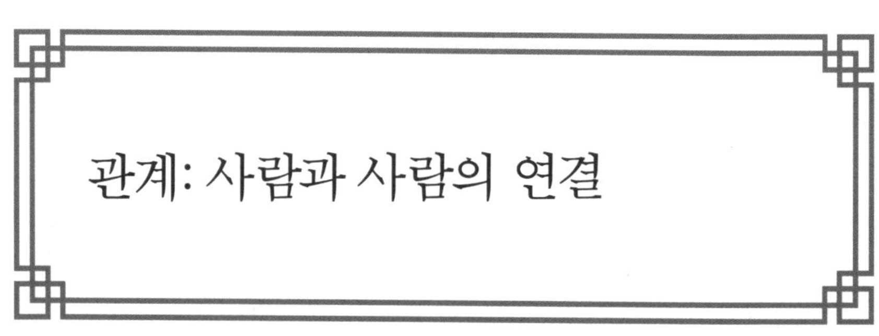

관계: 사람과 사람의 연결

공자께서 말씀하셨다.

"세 사람이 길을 가면 반드시 나의 스승이 있다. 선한 사람에게서는
선함을 본받고 선하지 못한 사람을 보고 나를 고쳐라."

— 「술이」21장

子曰
자 왈

三人行에 必有我師焉이니
삼 인 행　　필 유 아 사 언

擇其善者而從之요 其不善者而改之니라.
택 기 선 자 이 종 지　　기 불 선 자 이 개 지

擇 가릴 택
從 좇을 종

1. 모두가 나의 스승

많은 사람이 나보다 훌륭하고 똑똑한 사람에게서만 배울 수 있다고 생각해.

사실은 그렇지 않아. 훌륭하거나 똑똑하지 못한 사람에게서도 배울 수 있어.

그 방법을 공자는 다음과 같이 이야기해.

두 사람 중 한 명은 나보다 현명하고 한 명은 나보다 현명하지 않지. 나보다 현명한 사람을 보고는 좋은 면을 내 것으로 만들려 노력하고 그렇지 못한 사람을 보고는 나에게도 저런 면이 있는지 반성하고 '나는 저러지 말아야지' 하고 생각하면 돼.

학교에서 간혹 모둠 구성원에게 불만이 있는 학생들이 있어.

처음에는 친구가 자신보다 못해서 도움이 될 것 같지 않아 피하고 싶었겠지만

의외로 시간이 지나면 서로의 장점을 발견하고 친해지거나 단점을 맞춰 나가면서 성장하는 경우가 많아.

학교는 지식만 배우는 곳이 아니라 친구들을 사귀고 소통하면서 다른 사람과 어울려 사는 방법을 배우는 곳이야.

내 기준으로 다른 친구를 판단하기 전에 모든 친구에게 배울 점이 있다는 생각
으로 친구들을 대한다면 학교생활을 더 즐겁게 할 수 있을 거야.

26장

나의 시각으로

공자께서 말씀하셨다.

"많은 사람이 미워한다 해도 반드시 살펴보아야 하며, 많은 사람이 좋아한다 해도 반드시 살펴보아야 한다."

— 「위령공」 27장

子曰
자 왈

衆이 惡之라도 必察焉하며
중　오지　　필찰언

衆이 好之라도 必察焉이니라.
중　호지　　필찰언

衆 무리 중
察 살필 찰

사람들은 인간관계에서 감정에 따라 누군가를 좋아하고 싫어하게 돼. 다시 말해 상대방의 본래 모습을 객관적으로 판단하는 것이 아니라 내가 느끼는 감정에 따라 판단한다는 거지.

위에서 보았듯이 내 친한 친구가 자철이를 나쁘게 평가한다면 그것은 자철이의 일부분을 보고 친한 친구가 내린 감정적 평가이지 자철이의 본래 모습이 꼭 그런 것은 아니야.

하지만 친한 친구의 말을 무조건 믿어서 스스로 겪어 보지도 않고 자철이를 평가한다면 진짜 자철이의 모습을 발견하기가 어려울 거야.

그것은 마치 친한 친구의 관점으로 빨갛게 물든 색안경을 쓰고 자철이를 본다면 빨갛게 보이는 것과 같은 이치지.

인간관계에서 정말 중요한 것은 남의 의견에 휩쓸리지 말고 스스로 겪어 보고 판단해야 하는 거야. 내 친한 친구와 맞지 않았더라도 나와는 맞는 부분이 있을 수도 있고 배울 만한 점들이 있을 수도 있기 때문이지.

공자께서 말씀하셨다.

"군자는 화합해도 같아지지 않고 소인은 같아지지만 화합하지 않는다."

―「자로」 23장

子曰
자 왈

君子는 和而不同하고
군 자　　화 이 부 동

小人은 同而不和니라.
소 인　　동 이 불 화

和 화할 화

1. 인간의 생존 기술 뒷담화

지금부터 약 7만 년 전 호모 사피엔스가 전 세계로 퍼져 나가면서 다른 종족들은 사라지게 되었어. 네안데르탈인, 호모 에렉투스, 호모 데니소바인 등 인류의 다른 종들을 몰아내고 유일하게 생존한 거지.

호모 사피엔스가 유일하게 생존할 수 있었던 여러 이유 중 하나는 바로 '뒷담화' 기술이라고 해.

호모 사피엔스는 뒷담화로 누가 믿을 만한 사람인지 판단해서 무리의 규모를 빠르게 키워 나갔고 규모가 큰 집단으로 움직이며 다른 종족을 압도할 수 있었던 거야. 수만 년 전부터 생존을 위해 뒷담화를 하던 습성은 지금 우리의 디앤에이(DNA) 안에 고스란히 남아 있어. 그렇기에 친구들끼리 뒷담화를 하면 동질감이 생기고 빠르게 친해질 수 있는 거지.

하지만 인류가 7만 년 동안 천지개벽할 만한 문명을 이룩했듯이 인류는 끊임없이 진화하고 발전해 왔어.

7만 년 전부터 그랬으니 어쩔 수 없는 본능이라고 여기고 그대로 행동한다면 우리 스스로 원시시대 사람임을 인정하는 꼴이 되겠지?

학생들은 학교에서 사회화 과정을 거쳐. 본능보다는 교육으로 자신을 통제하고 행동하는 방법을 배우지. 우리는 공자께서 말씀하신 대로 조금 다르다고 뒷담화하고 배척하기보다는 친구들의 다양성과 개성을 인정하고 화합하는 사회적 기술을 연습하고 배워야 해.

빨강, 주황, 노랑, 초록, 파랑, 남색, 보라색을 강하게 섞으면 검은색이 되어 버리고 말지.

하지만 각자의 색을 그대로 두고 함께 나아가면 무지개가 되는 것처럼 서로 다름을 인정하고 화합하는 인간관계의 기술을 배우길 바라.

28장   충고

자공이 친구 관계를 물었다.

공자께서 말씀하셨다.

"친구에게 충고하며 착한 길로 인도하다가 상대방이 듣지 않으면 그만두어 욕먹지 마라."

—「안연」 23장

子貢이 問友한대
자 공 　 문 우

子曰
자 왈

忠告而善道之호되 不可則止하여
충 고 이 선 도 지 　 불 가 즉 지

無自辱焉이니라.
무 자 욕 언

善 착할 선
辱 욕될 욕
焉 어찌 언

1. 친구 관계의 원칙

몇 주 후…….

아니, 잠깐…… 얘들아~
친구에게 충고하는 것도 좋지만 그게 지나치면
친구 관계가 끊어질 수도 있어.

친구는 서로의 잘못이나 부족한 점을
충고하면서 성장할 수 있어. 하지만
상대방이 인정하지 않는데 내 의견을
강요하며 충고를 계속한다면 상대방은
자신에 대한 공격으로 받아들여 둘의
관계가 끊어질 수도 있는 거야. 그래서
충고는 조심스럽게 해야 해.

『인간관계론』으로 유명한 데일 카네기는 이렇게 말했어.

자칫 충고가 지적처럼 느껴진다면 상대방에게
적개심이 먼저 들 거야.

그리고 결과적으로는 둘의 사이가 나빠질 수 있지.

몇 년 전 방영된 〈유퀴즈〉 프로그램에 잔소리와 충고의 차이에 대한 초등학생의 대답이 이를 명쾌하게 설명해 주는 듯해.

잔소리와 충고의 차이는 무엇일까요?

충고는 더 기분 나빠요.

29장

너나 잘하세요

공자께서 말씀하셨다.

"그 자리에 있지 않으면 그 일에 대해 함부로 참견하지 마라."

— 「태백」 14장

子曰
자 왈
不在其位하여는 不謀其政이니라.
부 재 기 위 　　　 불 모 기 정

謀 꾀 모
政 정사 정

1. 너나 잘하세요

쉿!
선생님께서
조용히
책 읽으라고
하셨잖아!
야!
솔직히 네가 반장으로서
하는 일이 뭐야? 우리한테
지적하는 것 말고 하는 게
뭐 있어?

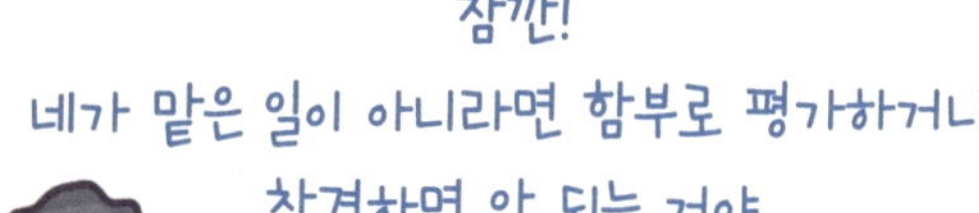

우리는 가끔 다른 사람들을 너무 쉽게 평가하고 이야기하는 경향이 있어.

하지만 그 사람이 놓인 상황과 고민, 책임의 무게를 깊이 이해하지 못한 채 함부로 평가하는 것은 그 사람에게 큰 상처가 될 수 있어.

공자께서 말씀하신 것처럼 남의 일에 왈가왈부하지 말고 먼저 자기 일에 최선을 다해 보는 게 어떨까?

내가 먼저

공자께서 말씀하셨다.

"남이 나를 알아주지 않는다고 걱정하지 말고 내가 남을 알아주지 않음을 걱정하라."

― 「학이」 16장

子曰
자 왈

不患人之不己知요 患不知人也니라.
불 환 인 지 불 기 지　　환 부 지 인 야

患 근심 환

1. 내가 먼저

많은 사람이 대체로 자신이 소중하고 중요한 사람이고 싶어 해. 그래서 남이 자신을 먼저 알아봐 주길 바라고 그렇지 않으면 섭섭해하지.

이에 공자는 내가 먼저 상대방에게 다가가서 알아봐 주고 인정하라고 해. 내가
먼저 상대방의 이름을 불러 주고 다가가서 이야기를 들어준다면 누구나 고마워
하고 쉽게 마음을 열 수 있다는 거지.

2. 카네기의 충고

『인간관계론』의 저자 데일 카네기는 이렇게 이야기했어.

다른 사람에게 관심을 두면
두 달 안에 친구를
더 많이 사귈 수 있어.

하지만 사람들이 나에게
관심을 가지길 바라기만 하면 2년이
지나도 어려울 거야.

공자님의 말씀대로 내가 남을
알아주지 않음을 걱정하는 마음으로
친구들에게 먼저 다가가 봐.
그리고 인간관계에 대해 더 알고
싶다면 『10대가 꼭 읽어야 할 데일
카네기 자기관리론, 인간관계론』을
꼭 읽어 보도록!

31장 솔선수범의 리더십

공자께서 말씀하셨다.

"자기 몸이 바르면 명령하지 않아도 행하여지고 자기 몸이 바르지 못하면 비록 명령을 내려도 따르지 않는다."

—「자로」6장

子曰
자 왈

其身이 正이면 不令而行하고
기 신　　정　　불 령 이 행

其身이 不正이면 雖令不從이니라.
기 신　　부 정　　수 령 부 종

其 그기
雖 비록 수

조선의 태평성대를 이루었고 지금도 대한민국 사람들이 가장 존경하는 인물이
바로 세종대왕이야.

세종대왕은 어떤 리더십을 발휘해서 한글을 만들고
과학, 정치, 경제 등 다방면에서 뛰어난 업적을
이뤄낼 수 있었을까?

그것은 바로 솔선수범의 리더십이야. 세종대왕은 다양한 영역에 관심을 가지고 직접 연구하고 공부하였기에 신하들 역시 이를 따를 수밖에 없었던 거지.

공자께서 말씀하신 기신정 불령이행(자기 몸이 바르면 명령하지 않아도 행해진다)의 대표 사례인 거야.

2. 박지성의 리더십

축구 대표팀이었던 기성용 선수는 그 당시 대표팀 주장이었던 박지성 선수를 회상하며 이렇게 이야기했어.

이청용 선수 역시 이렇게 이야기했어.

지성이 형은 항상 먼저 운동장에 나오고 연습도 가장 열심히 했어요.
그런 모습을 보면 후배들은 자연스럽게 따라가게 돼요.

결국 박지성의 솔선수범 리더십은 팀원들을 스스로 뛰게 만들었고 한국 축구 대표팀은 2010년 남아공 월드컵에서 사상 최초로 원정 16강 진출에 성공했지.

만일 여러분이 리더의 자리에 있다면 말보다 행동으로 이끌고 먼저 희생하고 헌신하는 솔선수범의 리더십을 발휘해 봐.

그렇다면 많은 사람이 명령하지 않아도 스스로 해야 할 일을 열심히 할 거야.

32장 # 염치

공자께서 말씀하셨다.

"원한을 갚아 주려고 할 때는 곧음으로 돌려주고 은덕을 갚아 주려고 할 때는 은덕으로 갚아 주어야 한다."

—「헌문」 36장

子曰
자 왈
以直報怨이요 以德報德이니라.
이 직 보 원   이 덕 보 덕

報 갚을 보
怨 원망할 원
德 덕 덕

1. 과거의 학교

예전에는 학교에 다니면서 잘못을 저지르면 선생님께서 엄하게 혼내셨어.

그래서 간혹 그런 잘못이 얼마나 심각한 일인지 모르는 아이들에게도 염치(부끄러워하는 마음)를 생각해 볼 수 있게 했지. 자신의 잘못된 행동을 겉으로라도 반성하게 했던 거야.

어떤 사람들은 그런 생활 교육이 아이들에게 반감만 생기게 하지 별 효과가 없다고들 말해. 하지만 미국의 심리학자 윌리엄 제임스는 이렇게 말했어.

그의 이론에 따르면 형식적으로나마 자중하고 반성하는 행동을 하면 진짜 반성하는 마음이 생길 수도 있다는 거야.

2. 지금의 학교

지금 학교에서는 잘못하거나 심각한 학교폭력을 일으켜도 창피해하지 않고 더 당당하게 행동하는 아이들이 많아지고 있어.

잘못해도 그에 맞지 않게 친절하고 상냥하게 대처하는 주변의 반응이 이런 상황을 만들었다고 생각해.

공자의 말씀을 현재 상황에 맞게 생각해 보면 원한까지는 아니지만 꾸짖어야 할 상대에게 친절히 대하는 것은 효과가 없으니 엄중하게 지도하고 열심히 성실히 행동하는 이들에게는 칭찬과 덕으로 대하는 게 옳지 않을까?

예전처럼 강압적인 학교 분위기로 돌아가자는 말은 아니지만…….

최소한 잘못했으면 이를 창피해하고 반성하는 마음을 가지는 생활 교육이 자리 잡혔으면 좋겠어.

33장

클래스메이트와 프렌드

공자께서 말씀하셨다.
"가는 길이 다르면 함께 일을 도모하지 마라."

— 「위령공」 39장

子曰
자 왈

道不同이면 不相爲謀니라.
도 부 동　　　불 상 위 모

相 서로 상
謀 꾀 모

1. 친구 관계

예전에도 그랬지만 여러분도 자주 듣는 말이 있어.

여러분은 어때? 다 같이 사이좋게 지내고 있니? 우리는 자신이 속한 집단 안에 있는 사람들하고 다 사이좋게 지내야 한다는 부담감이 있어. 더 잘 통하는 사람이 있고 잘 안 통하는 사람도 있는데 말이야.

그리고 은연중에 '두루두루 다 친하게 지내는 사람이 사회성도 좋고 괜찮은 사람'이라는 인식 때문에 불편해도 말하지 못하고 싫어도 거절하지 못할 때도 있지.

사회적 동물인 인간은 누구나 본능적으로 타인에게 인정받고 싶어 하는 욕구가 있어.

그렇지만 모든 사람에게 다 좋은 평가를 받고 인정받을 수는 없어.

정신건강의학과 의사이자 작가이신 오은영 박사님은 블로그에서 클래스메이트와 프렌드의 차이를 설명했어. 그 내용을 정리하면 다음과 같아.

영어로 같은 반 아이는 classmate, 친구는 friend로 확실히 구별되지.
그런데 우리는 친한 친구도 '친구'라고 하고 같은 반 아이도 '친구'라고 해.

클래스메이트

같은 반 아이라면 싸우지 않고 지내는 정도면 돼. 서로 궁금한 게 있으면 물어보고 대답해 주는 정도지.

같은 반인지와 상관없이 그냥 친한 친구는 '절친'이라고 하는데, '절친'은 대부분 3명을 넘기기가 어려워. 친한 친구는 시간과 노력을 들여서 만들어야 하기 때문이야. 그러니 같은 반이라고 해서 '절친'처럼 지낼 수는 없어.

클래스메이트와 프렌드의 차이를 알고 모든 친구와 친하게 지내려고 너무 애쓰지 않았으면 좋겠어.

34장   # 유익한 벗, 유해한 벗

공자께서 말씀하셨다.

"유익한 벗이 세 가지고 손해 되는 벗이 세 가지이니 벗이 정직하고
믿음직스러우며 견문이 넓으면 유익하다. 벗이 한쪽으로 치우치고
아첨하며 말만 많으면 유해하다."

—「계씨」 4장

孔子曰
공 자 왈

益者三友요 損者三友니 友直하며 友諒하며
익 자 삼 우 　손 자 삼 우 　우 직 　　우 량

友多聞이면 益矣요
우 다 문 　　익 의

友便辟하며 友善柔하며 友便佞이면 損矣니라.
우 편 벽 　　우 선 유 　　우 편 녕 　　손 의

諒 참될 량
便 편할 편
辟 임금 벽
柔 부드러울 유
佞 아첨할 녕

1. 유익한 벗

공자께서는 친하게 지내야 할 친구와 손절해야 할 친구를 명시해 주셨어. 이런 면들이 있는 친구가 있다면 놓치지 말고 가까이해야 해.

우직(友直) → 정직한 친구

정직한 친구는 거짓이나 꾸밈없이 진심으로 나를 대하는 친구를 말해. 어떤 목적을 가지고 나에게 접근하는 것이 아니라 나 자체를 좋아해 주고 존중해 주는 친구지.

그래서 때로는 나를 위해 쓴소리도 할 수 있고 꾸밈없는 조언도 해 줄 수 있어.

우량(友諒) → 믿을 수 있는 친구

믿을 수 있고 의리 있는 친구를 말해. 내 속마음을 편하게 이야기해도 말이 새어 나갈 걱정이 없고 자기 이익을 위해 나를 배신하지 않는 친구야.

우다문(友多聞) → 견문이 넓어 배울 것이 많은 친구

견문이 넓고 배울 것이 많은 친구를 뜻해. 다문(多聞)은 많이 듣고 배운다는 뜻으로 다방면에 지식이 많고 경험이 풍부해서 나에게 긍정적인 자극을 주는 친구를 말해.

이와 반대로 이런 면들이 있는 친구가 있다면 공자께서는 손절하라고 말씀하시지.

우편벽(友便辟) → 아첨하는 친구

아첨은 남의 환심을 사거나 잘 보이려고 행동하는 것을 뜻해. 그래서 진심으로 나를 대하지 않고 필요할 때는 친한 척을 하다가 필요가 없어지면 싸늘하게 변해 버리는 친구를 말해.

우선유(友善柔) → 겉으로 착한 척하는 친구

겉으로는 친절한 척하지만 속마음이 달라서 믿을 수 없는 친구를 뜻해. 내 속마음을 이야기하면 이해해 주는 척하지만 뒤에서는 다른 친구와 내 욕을 하고 자기 이익을 위해 나를 이용할 수 있는 친구야.

우편녕(友便佞) → 말재주만 좋은 친구

말은 번지르르하지만 실천하지 않고 진실성이 없는 친구를 뜻해. 늘 신중하지 않은 말들 때문에 실수하고 나를 곤란하게 만들 수 있는 친구지.

35장

완벽한 존재

"한 사람에게 모든 것이 갖추어져 있기를 요구하지 마라."

— 「미자」 10장

無求備於一人 이라.
무 구 비 어 일 인

備 갖출 비

1. 그림 퍼즐

노나라의 제후인 주공(周公)이 아들 노공(魯公)에게 이렇게 이야기해.

세상에 완벽하게 장점만 갖춘 사람은 없어. 그리고 단점만 있는 사람도 없지.

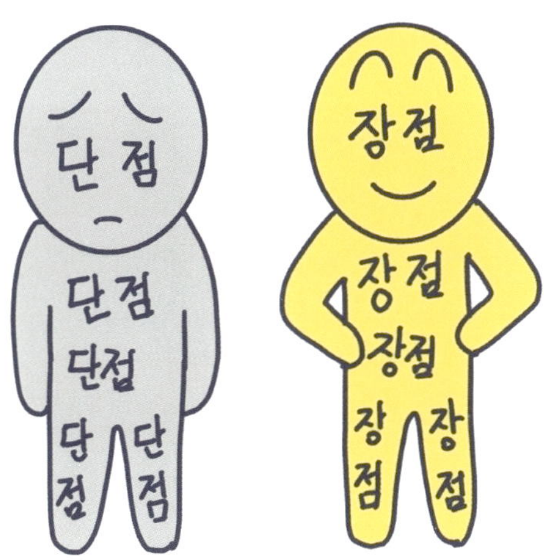

하지만 우리는 어떤 사람의 일부분을 보고 모든 면이 그럴 것이라고 예상해. 그렇기에 내 생각과 다른 부분을 발견하면 실망하거나 그런 부분을 고치라고 강요하지.

이것이 바로 사람 관계에서 갈등이 시작되는 거야. 사람은 수천, 수만 가지 퍼즐로 맞춰져 있는 그림 퍼즐이라고 생각해.

내가 그 사람에게 호감을 가지고 있는 면도 있지만 싫어하는 면도 있겠지?

좋아하는 면만 보게 되면
전체 퍼즐 모양을
파악할 수 없어.

상대방을 다양한 조각이 어우러져 있는 전체
그림으로 인식해야 해. 공자님 말씀처럼 상대
방이 모든 걸 다 갖추기를 요구하기보다 다양한
퍼즐로 조합되어 있는 사람 자체를 인정해 주고
존중해 주면 친구 관계가 더 수월해질 거야.

2. 인도의 우화

인도에 다음과 같은 옛이야기가 있어. 여러 사람의 눈을 가리고 코끼리를
만져 보게 한 뒤 자기가 만진 것이 무엇인지 얘기하게 했대.

우리도 이처럼 주변 친구들을 인식하는 것은 아닌지 반성해 볼 필요가 있지 않을까?

36장 **가장 중요한 건 서(恕)**

자공이 물었다.

"평생토록 행할 만한 한마디 말이 있습니까?"

공자께서 말씀하셨다.

"그것은 서일 것이다. 자기가 바라지 않는 것을 타인에게 요구하지
마라."

—「위령공」23장

子貢이 問曰
자공　문왈

有一言而可以終身行之者乎잇가
유 일 언 이 가 이 종 신 행 지 자 호

子曰
자 왈

其恕乎인저　己所不欲을　勿施於人이니라.
기 서 호　　기 소 불 욕　　물 시 어 인

恕 용서할 서
勿 말 물
施 베풀 시

어느 날 공자의 제자 자공이 물었어.

여기서 한자 서(恕)는 같을 여(如)와 마음 심(心)이 결합된 글자야.

$$恕 = 如 + 心$$

해석하면 마음이 같다는 뜻이지. 내 생각과 다른 사람들의 생각이 대개 일치한다는 거야.

내가 하기 싫어하면 다른 사람들도 하기 싫어하고……

내가 좋아하면 다른 사람들도 좋아한다고 보면 되는 거지.

그래서 내가 싫어하는 것은 남에게 떠넘기지 말고

내가 좋아하는 것은 남도 좋아하니 욕심부리지 말라는 거야.

공자께서는 인(仁)을 가장 중요한 덕목으로 생각했어. 인(仁)은 사람 인(人)과 둘 이(二)가 결합된 글자야.

사람이 둘이라는 것은 곧 인간관계가 형성된다는 뜻이야. 따라서 갈등을 최소로 하고 서로 사랑하며 잘 지내야 한다는 뜻으로 해석할 수 있지. 한마디로 사람들과 조화롭게 지내는 것이 가장 중요하다는 거야.

공자께서는 인(仁)을 실천하는 가장 효과적인 방법으로 서(恕)를 말씀하셨어. 내가 싫고 힘든 일은 다른 사람에게도 마찬가지일 것이라 생각하며 강요하지 않고 욕심을 조금 내려놓는다면 조화로운 인간관계를 맺을 수 있다는 거지.

아주 간단한 원칙이지만 지키기는 매우 어려운 것이 바로 서(恕)야. 가정에서는 부모님도 스마트폰을 놓지 못하면서 아이들을 통제하려다가 갈등이 불거지지.

학교에서는 하기 싫은 일들을 서로 미루며 불만이 쌓이지. 이 모든 것이 다른 사람 처지에서 공감할 수 있는 서(恕)가 부족해서 벌어지는 일들이야.

공자께서도 강조하셨듯이 다른 사람 또한 나와 같다는 의미의 서(恕)를 평생 마음에 새기고 실천하길 바라. 많은 사람이 이를 실천할 때 비로소 인(仁)이 실현되는 이상적인 사회가 될 거야.

37장

넘치는 사랑

공자께서 말씀하셨다.

"사랑한다고 고생시키지 않을 것인가? 충성한다고 깨우쳐 주지 않을
것인가?"

— 「헌문」 8장

子曰
자 왈

愛之인댄　能勿勞乎아
애 지　　　능 물 로 호

忠焉인댄　能勿誨乎아.
충 언　　　능 물 회 호

能 능할 능
勞 일할 로

* 이번 장은 부모님께 드리는 말씀입니다.

1. 부모의 자녀 양육 방식 유형 4가지

미국의 발달심리학자 다이애나 바움린드는 가정에서 자연스러운 관찰과 구조화된 실험실에서 부모-자녀 간의 상호작용을 관찰해 수집한 자료를 토대로 부모의 양육 방식을 애정과 통제의 수준에 따라 4가지로 분류했습니다.

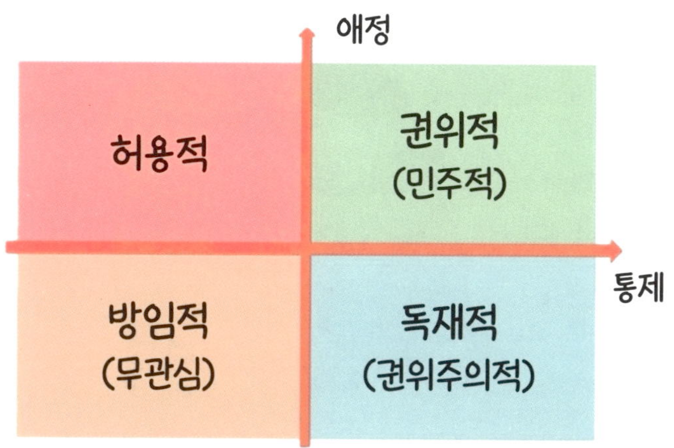

허용적 유형(애정↑, 통제↓)

애정이 높지만 통제하는 정도가 낮으면 허용적 부모로 분류한다. 이 유형의 부모는 아이에게 애정을 충분히 표현하고, 아이의 요구에 수용적이며, 아이가 생각과 감정을 자유롭게 표현하도록 한다. 그러나 아이의 요구에 지나치게 관대하거나 행동 통제를 거의 하지 않고 아이의 행동을 면밀하게 모니터링하지 않는다.

권위적 유형(애정↑, 통제↑)

애정과 통제가 모두 높으면 권위적 부모로 분류한다. 권위적 유형의 특징은 통제를 많이 하는 편이지만 합리적인 이유를 꼭 설명하며 아이에게 온정적이라는 것이다. 아이의 요구에 수용적이고 민감하게 반응하며 아이의 행동과 정서를 면밀하게 모니터링한다. 또한 아이가 자기 생각과 감정을 자유롭게 표현하도록 하지만 지켜야 하는 기준에 대해서는 엄격한 태도를 보이며 행동에 분명한 한계를 알려 주고 지키도록 한다.

방임적 유형(애정↓, 통제↓)

애정과 통제가 모두 낮으면 방임적 부모로 분류하는데, 전문가들은 이를 최악의 유형으로 여긴다. 아이에게 애정이 없으니 관심을 두지 않고 훈육도 하지 않는다. 무관심한 부모 아래에서 자란 아이들은 관심을 끌려고 감정을 크게 드러내는 경향이 있는데, 이는 문제행동으로 이어질 수 있다.

독재적 유형(애정↓, 통제↑)

애정은 낮지만 통제는 높으면 독재적 부모로 분류한다. 독재적 유형의 부모는 아이를 지나치게 억압하고 간섭하며 아이가 부모의 지시에 복종하기를 기대한다. 통제하는 이유를 설명하지 않는 경향이 있으며 복종 여부에 따른 조건부 애정과 관심을 보이고 복종하지 않으면 아이를 처벌하거나 힘을 행사하기도 한다.

우리나라 속담에 '미운 자식 떡 하나 더 준다'는 말이 있습니다. 미운 사람일수록 잘해 줘서 악감정을 쌓지 않게 하라는 것이 원래 뜻이지만 속뜻은 아이를 사랑하는 마음이 자칫 아이에게 절제를 가르치지 못하게 됨을 경계하라는 말이 아니었을까 합니다.

자식이 예쁘다고 자꾸 맛난 떡을 입에 넣어 주면 결국 아이는 소화불량에 걸리거나 과식으로 비만이 됩니다.

아이를 기르고 가르치는 과정에서 아이를 사랑하는 마음이 커서 모든 요구를 받아주고 아이 기를 살려준다며 잘못해도 나무라지 않는다면 아이는 한계를 알지 못하기 때문에 자기 조절력을 학습할 수 없습니다.

평생 자기가 원하는 대로, 요구하는 대로 인생을 살 수 있으면 문제가 없겠지만 가정에서 벗어나 어린이집, 학교, 사회로 나가면 결국 아무도 자기 부모처럼 대해 주지 않음에 좌절할 수밖에 없습니다.

가정에서 부모는 바로 그 한계를 가르쳐 주어야 합니다. 공자께서 말씀하신 대로 사랑한다고 모든 걸 허용할 게 아니라 때로는 아이의 잘못을 정확히 지적하고 한계를 깨닫게 해야 하는 것입니다.

맞는 말일세. 둘 다 통제하지만
권위적 부모와 독재적 부모 유형의
결정적 차이는 바로 통제하는 이유를
설명하느냐에 달렸네. 어떤 행동을
통제하거나 잘못된 행동을
바로잡을 때 통제하는 이유를
설명하는 행위는 아이에 대한
존중과 믿음의 표현이기 때문이지.
그러니 자네도 무조건 통제하려고
하기보다 아이를 존중하는 마음으로
통제하는 이유를 설명해 주는 게
어떨까?

아빠가 그렇게 하지 말라고 하는 이유는
그런 행동이 위험하기 때문이야.
며칠 전에도 그런 행동을
하다가 사고가 났다는
기사를 보았거든 그러니까
그런 행동은 하지 말아야
하는 거야. 알았지?

10대가 꼭 읽어야 할

논어

펴낸날 초판 1쇄 발행 2026년 2월 27일

원저자 공자
글·그림 인동교
펴낸이 최훈일

펴낸곳 시간과공간사
출판등록 제2015–000085호(2009년 11월 27일)
주소 (10594) 경기도 고양시 덕양구 통일로 140 삼송테크노밸리 A동 351호
전화 (02) 325–8144
팩스 (02) 325–8143
이메일 pyongdan@daum.net

ISBN 979–11–90818–45–2 (43190)